SUPER INSECTOS

Autor John Woodward

Consultor Dr. George McGavin

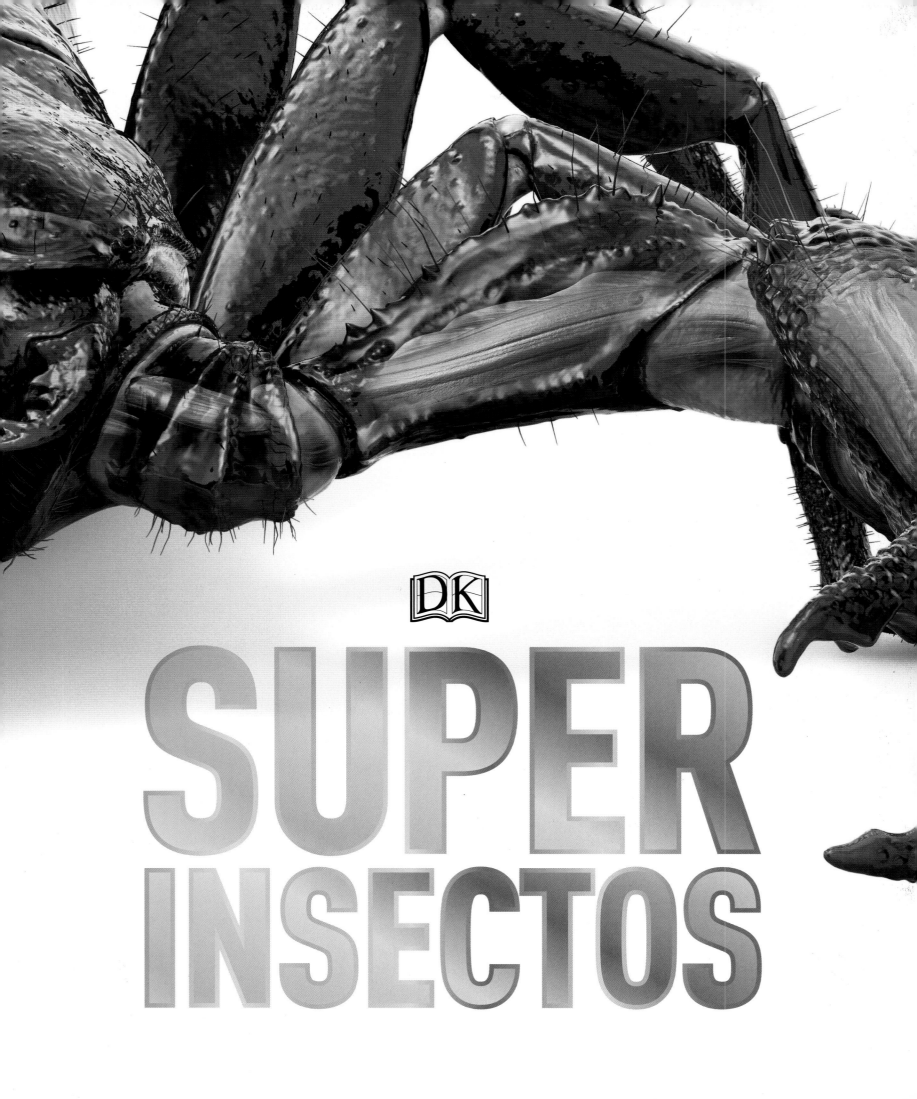

SUPER INSECTOS

CONTENIDOS

HISTORIA DE ÉXITO 6
LOS ARTRÓPODOS 8
TIPOS 10
EN MARCHA 12
CRECER 16

SUPERANATOMÍA 18

ESCARABAJO BOMBARDERO AFRICANO 20
MILPIÉS DE FUEGO 22
TARÁNTULA GOLIAT 24
MARIPOSA MORFO 26
SEGADOR 28
WETA GIGANTE 30
MARIPOSA ALAS DE PÁJARO 32
PATINADOR DE AGUA 34
LUCIÉRNAGA 36
INSECTO HOJA 40
INSECTO PALO GIGANTE 42
HORMIGAS MELÍFERAS 44
PAVÓN NOCTURNO 46
ESCARABAJO HÉRCULES 48
ESCOLOPENDRA GIGANTE 52
MARIPOSA DE CRISTAL 54
MOSCA DE OJOS SALTONES 56
VINAGRILLO 58
POLILLA AVISPA 60
GORGOJO DEL AVELLANO 62
ESCARABAJO VIOLÍN 64
MOSCA HADA 66
ESFINGE DE MORGAN 68
ESCARABAJO DE ORO 70

ATLETAS DEL MUNDO ANIMAL 72

MARIPOSA MONARCA 74
CHICHARRITA 76
MOSCA DE LAS FLORES 78
ARAÑA SALTADORA 80
ESFINGE COLIBRÍ 84
CIEMPIÉS DOMÉSTICO 86
ESCARABAJO TIGRE 88
TARDÍGRADO 92
ABEJORRO 94
GRILLO TOPO 96
ARAÑA DOMÉSTICA GIGANTE 98

TEMIBLES CAZADORES 102

ARAÑA LANZADORA DE TELA 104
GUSANO ATERCIOPELADO 106
ASÍLIDO 108
ARAÑA ORBITELAR 110
MANTIS ORQUÍDEA 114
CHINCHE ASESINA DE ABEJAS 116
ARAÑA DE TRAMPILLA 118
AVISPA ICNEUMÓNIDA 120
ARAÑA CANGREJO 122
AVISPA CAZA TARÁNTULAS 124
LIBÉLULA EMPERADOR 126
ARAÑA ESCUPIDORA 130
ESCARABAJO BUCEADOR 132
HORMIGA DE MANDÍBULA TRAMPA 134
ESCORPIÓN EMPERADOR 136

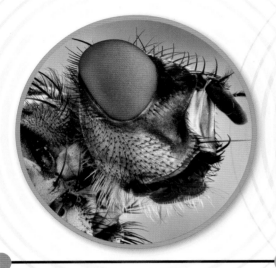

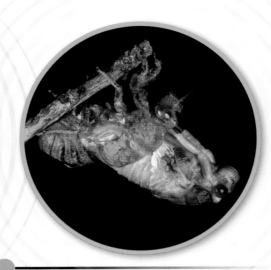

PEQUEÑOS MONSTRUOS 138

MOSCA DOMÉSTICA	140
ORUGA ENSILLADA	142
GARRAPATAS DURAS	144
ARAÑA DE SÍDNEY	146
MOSQUITO ANOPHELES	148
VINCHUCA	150
CUCARACHAS	152

HISTORIAS VITALES 154

AVISPA RUBÍ	156
ESCARABAJO ENTERRADOR	158
ESCARABAJO ESTERCOLERO	160
ESCARABAJO PLANO DE CORTEZA	162
TERMITAS	164
PULGÓN DEL GUISANTE	168
ABEJA MELÍFERA	170
ESCARABAJO DE NAMIBIA	174
ARAÑA DE AGUA	176
MARIPOSA HORMIGUERA DE LUNARES	178
GUSANO DE LA SEDA SALVAJE	180
HORMIGAS LEGIONARIAS	182
AVISPAS PAPELERAS	184
HORMIGAS PODADORAS	188
LANGOSTA DEL DESIERTO	190
ARAÑA LOBO DE PATAS DELGADAS	194
EFÍMERA	196
CIGARRA PERIÓDICA	198
CHINCHE DE AGUA GIGANTE	202
GLOSARIO	204
ÍNDICE	206

Edición de arte sénior Smiljka Surla
Edición sénior Shaila Brown
Edición Ann Baggaley, Andrea Mills
Diseño Tessa Jordens,
Tannishtha Chakraborty,
Samantha Richiardi

Edición ejecutiva Paula Regan
Edición ejecutiva de arte Owen Peyton Jones
Producción (preproducción) Jacqueline Street
Producción sénior Mary Slater
**Dirección de desarrollo de diseño
de cubierta** Sophia MTT
Edición de cubierta Claire Gell
Diseño de cubierta Mark Cavanagh,
Suhita Dharamjit
Diseño de cubierta sénior DTP
Harish Aggarwal
Dirección de documentación iconográfica
Taiyaba Khatoon
Documentación iconográfica Sakshi Saluja
Dirección editorial Andrew Macintyre
Dirección de arte Karen Self
Subdirección general editorial Liz Wheeler
Dirección de diseño Stuart Jackman
Dirección general editorial Jonathan Metcalf

Ilustración Arran Lewis

Servicios editoriales: Tinta Simpàtica
Traducción: Ismael Belda

Publicado originalmente en Gran Bretaña en 2016
por Dorling Kindersley Limited
80 Strand, London, WC2R 0RL
Parte de Penguin Random House

Copyright © 2016 Dorling Kindersley Limited
Traducción española: © 2019 Dorling Kindersley Ltd

Título original: *Superbug*
Primera edición: 2019

ISBN: 978-1-4654-8673-8

Impreso y encuadernado en China

www.dkespañol.com

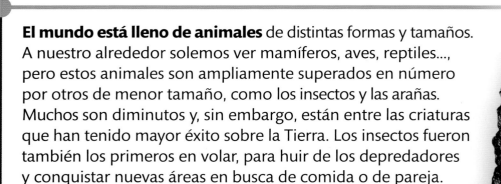

HISTORIA DE ÉXITO

El mundo está lleno de animales de distintas formas y tamaños. A nuestro alrededor solemos ver mamíferos, aves, reptiles..., pero estos animales son ampliamente superados en número por otros de menor tamaño, como los insectos y las arañas. Muchos son diminutos y, sin embargo, están entre las criaturas que han tenido mayor éxito sobre la Tierra. Los insectos fueron también los primeros en volar, para huir de los depredadores y conquistar nuevas áreas en busca de comida o de pareja.

GRABADO EN PIEDRA

Los fósiles preservados en rocas muestran que algunos de los insectos actuales han cambiado muy poco en cientos de millones de años. Insectos como las libélulas ya existían mucho antes de que aparecieran los gigantescos dinosaurios y sobrevivieron a la catástrofe que los destruyó. Pocos tipos de animales han tenido tanto éxito.

Ancestro gigante

Este detallado fósil, procedente de China, conserva la huella de una libélula que vivió hace 130 millones de años y voló junto a las cabezas de los dinosaurios, pero es casi idéntica a muchas de las libélulas actuales.

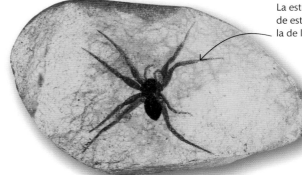

La estructura de las patas de esta araña es igual que la de las arañas de hoy.

TRAMPA DE ÁMBAR

La pegajosa resina de la corteza de los árboles atrapó a muchos pequeños animales. Tras millones de años, la resina se convirtió en duro ámbar, que preservó estos insectos, con sus patas, alas, mandíbulas e incluso sus órganos internos. Estos asombrosos fósiles muestran que los tipos de insectos principales ya existían hace unos 90 millones de años.

Araña de exposición

Cada detalle de esta araña se ha preservado perfectamente durante millones de años gracias al durísimo ámbar. Como este es transparente, los científicos pueden ver a través de él para identificar las características del animal y observar sus similitudes con las arañas modernas.

INSECTOS INDISPENSABLES

A muchas personas no les gustan los insectos, o les dan miedo. Es cierto que algunos muerden, pican o transmiten enfermedades, y unos pocos pueden ser incluso mortales. Pero durante millones de años han sido una fuente de alimento vital para animales como este abejaruco. También son esenciales para polinizar las flores y sin ellos muchas plantas —incluidas muchas que necesitamos para sobrevivir— no existirían.

Las largas alas de esta antigua libélula tienen la misma estructura que las de los insectos modernos.

PEQUEÑAS MARAVILLAS

Muchos insectos muestran brillantes colores iridiscentes y sus duros esqueletos externos pueden adoptar formas extraordinarias. Algunos son minúsculos, pero otros son más grandes de lo que nos imaginamos. Sus formas de vida son a veces increíbles y algunas especies presentan un serio peligro. Son, realmente, superinsectos.

ARAÑA EXCREMENTO DE AVE
El camuflaje de esta araña tropical la hace parecida a un excremento de ave: nadie tratará de comérsela.

TORITO DEL ENCINO
Tanto adulto (izquierda) como joven, este chupador de savia tiene cuerpos de formas y colores maravillosos.

ORUGAS DE POLILLA DE VAPOURER
Como la mayoría de los insectos, esta polilla pone cientos de huevos y se multiplica rápidamente.

GORGOJO JIRAFA
El gorgojo jirafa macho ha desarrollado extraordinarias características para atraer a la pareja.

LOS ARTRÓPODOS

El 97 % de las especies de la Tierra son invertebrados, es decir, animales sin columna vertebral. Algunos son de cuerpo blando, como los gusanos, pero la mayoría son artrópodos, animales con resistentes esqueletos externos y patas articuladas. Los artrópodos pueden ser insectos, arácnidos, crustáceos, miriápodos, si bien los insectos son con diferencia los más frecuentes entre ellos.

DENTRO DE UNA AVISPA

Las avispas son insectos, el grupo más grande de artrópodos. Todos los insectos adultos tienen un cuerpo de tres secciones, tres pares de patas articuladas y, normalmente, dos pares de alas. Sus órganos internos cumplen las mismas funciones que en otros animales (aunque una avispa, además, tiene un afilado aguijón).

Segmentos corporales

El cuerpo de la avispa tiene tres partes: cabeza, tórax y abdomen. La cabeza contiene el cerebro y los órganos sensoriales. El tórax está equipado con los músculos alares, mientras que el abdomen contiene el corazón y los intestinos.

Una red de finos tubos, llamados venas, da dureza a las alas para que pueda batirlas sin doblarse.

La mayoría de los insectos adultos tienen alas de finas láminas hechas de quitina, como su esqueleto.

VISIÓN Y ALIMENTACIÓN

Igual que nosotros, necesitan orientarse y alimentarse. Pero han desarrollado herramientas muy diferentes. Los insectos adultos tienen ojos con cientos de lentes, y las arañas, colmillos venenosos.

OJOS COMPUESTOS

Este insecto tiene ojos compuestos, hechos de muchos elementos diminutos, cada uno con su propia lente, y un conjunto de tres ojos simples en la frente.

MANDÍBULAS MORTALES

Los artrópodos tienen diferentes tipos de piezas bucales. Esta araña tiene fuertes mandíbulas llamadas quelíceros, cuyos afilados colmillos inyectan veneno en sus presas.

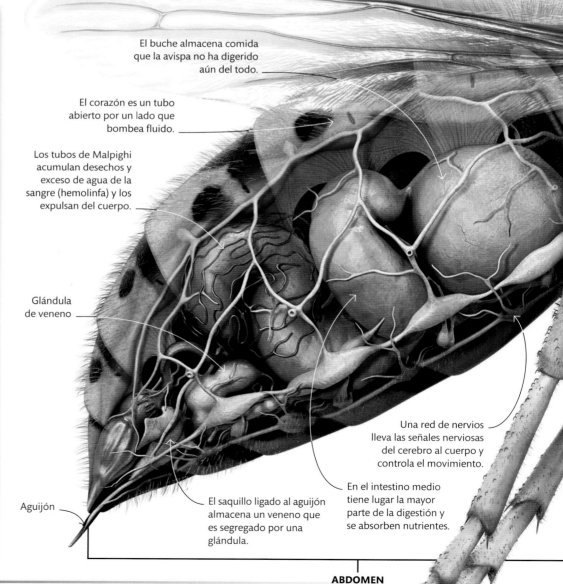

El buche almacena comida que la avispa no ha digerido aún del todo.

El corazón es un tubo abierto por un lado que bombea fluido.

Los tubos de Malpighi acumulan desechos y exceso de agua de la sangre (hemolinfa) y los expulsan del cuerpo.

Glándula de veneno

Aguijón

El saquillo ligado al aguijón almacena un veneno que es segregado por una glándula.

En el intestino medio tiene lugar la mayor parte de la digestión y se absorben nutrientes.

Una red de nervios lleva las señales nerviosas del cerebro al cuerpo y controla el movimiento.

ABDOMEN

«Los artrópodos son los animales más exitosos del planeta.»

EXOESQUELETO

Los tejidos blandos están protegidos por el exoesqueleto, que está hecho de quitina, un material parecido a las uñas, y tiene articulaciones de quitina flexible. Es impermeable, lo que evita que escape la humedad corporal y permite que muchos artrópodos y arañas vivan en desiertos, donde invertebrados de cuerpo blando, como las babosas, no podrían sobrevivir.

La quitina es una fuerte armadura.

La armadura cubre todo el cuerpo.

Parte superior

Parte inferior

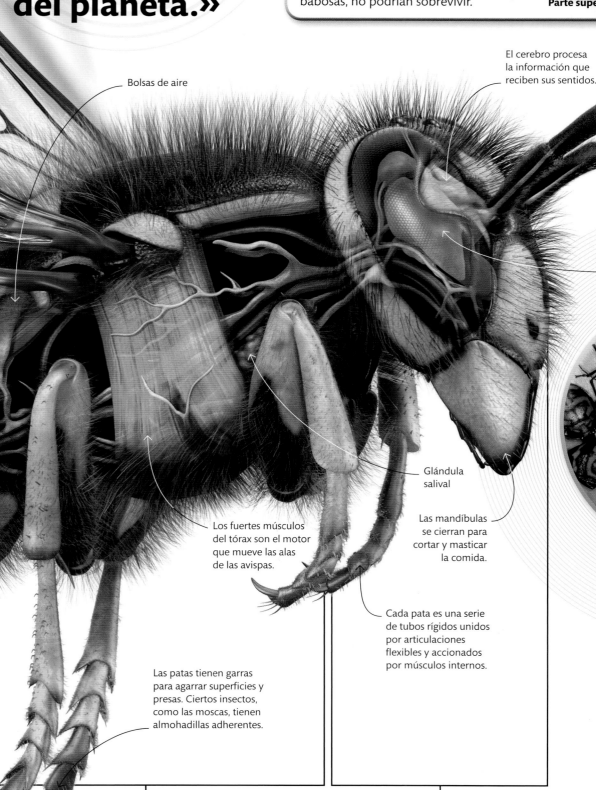

Bolsas de aire

El cerebro procesa la información que reciben sus sentidos.

Las largas antenas detectan vibraciones y rastros químicos.

Los ojos compuestos le dan la visión necesaria para volar y cazar a sus presas.

Los fuertes músculos del tórax son el motor que mueve las alas de las avispas.

Glándula salival

Las mandíbulas se cierran para cortar y masticar la comida.

Cada pata es una serie de tubos rígidos unidos por articulaciones flexibles y accionados por músculos internos.

Las patas tienen garras para agarrar superficies y presas. Ciertos insectos, como las moscas, tienen almohadillas adherentes.

TÓRAX

CABEZA

CHINCHES

Las chinches son un tipo de insectos, habitualmente de dimensiones reducidas, que presenta numerosas variedades. Estas chinches arlequín beben dulce savia vegetal, pero otras chupan los jugos vitales de otros animales e incluso, algunas de ellas, sangre humana.

INTRODUCCIÓN

9

TIPOS

Hay muchos tipos de artrópodos. Todos tienen la misma dura estructura corporal segmentada, pero diferente número de segmentos y de patas. La mayoría son miriápodos de numerosas patas, arácnidos de ocho patas o insectos de seis patas.

«El 80 % de las especies animales conocidas son artrópodos.»

CRUSTÁCEOS

Casi todos los crustáceos son animales marinos, como cangrejos y bogavantes. Algunos cangrejos pasan casi toda su vida en tierra, y un grupo de crustáceos, las cochinillas, viven en tierra de forma permanente, en lugares húmedos. Los crustáceos tienen un número variable de patas y algunas cochinillas parecen pequeños ciempiés.

UNAS
67 000
ESPECIES CONOCIDAS

COCHINILLA

UNAS
13 000
ESPECIES CONOCIDAS

MIRIÁPODOS

Son los ciempiés y los milpiés, cuyos cuerpos están hechos de segmentos. Un ciempiés tiene dos patas por segmento, y un milpiés, cuatro. Los ciempiés son veloces cazadores y tienen venenosos colmillos. Los milpiés se alimentan de plantas y se desplazan más despacio.

ARAÑA ORBITELAR DE MANDÍBULA GRANDE

MILPIÉS BIRMANO

ARAÑAS

Las arañas son arácnidos, es decir, artrópodos de ocho patas sin alas. Estos depredadores cazan insectos u otras arañas, a menudo atrapándolos en trampas hechas de seda. Sus cuerpos tienen solo dos secciones y poseen colmillos venenosos para matar a sus presas. La picadura de algunas arañas es peligrosa para los seres humanos.

UNAS
46 000
ESPECIES CONOCIDAS

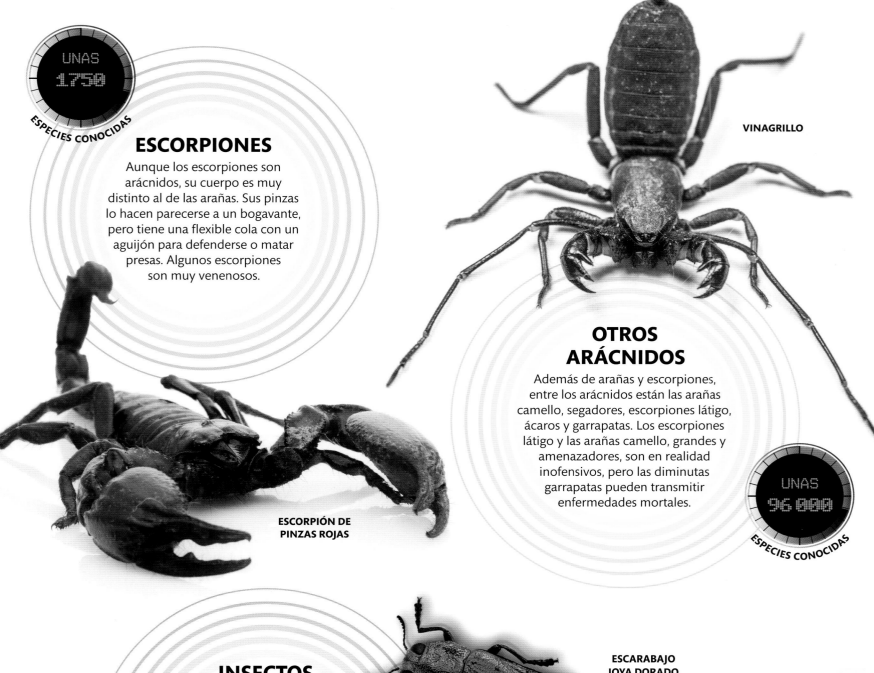

UNAS
1750
ESPECIES CONOCIDAS

ESCORPIONES

Aunque los escorpiones son arácnidos, su cuerpo es muy distinto al de las arañas. Sus pinzas lo hacen parecerse a un bogavante, pero tiene una flexible cola con un aguijón para defenderse o matar presas. Algunos escorpiones son muy venenosos.

VINAGRILLO

ESCORPIÓN DE PINZAS ROJAS

OTROS ARÁCNIDOS

Además de arañas y escorpiones, entre los arácnidos están las arañas camello, segadores, escorpiones látigo, ácaros y garrapatas. Los escorpiones látigo y las arañas camello, grandes y amenazadores, son en realidad inofensivos, pero las diminutas garrapatas pueden transmitir enfermedades mortales.

UNAS
96 000
ESPECIES CONOCIDAS

INSECTOS

Los insectos superan en número al resto de los artrópodos y constituyen más de la mitad de las especies conocidas de la Tierra. Su variedad es enorme, pero todos los adultos tienen seis patas, y la mayoría, alas. Algunos pican y pueden transmitir enfermedades, pero los hay muy hermosos.

ESCARABAJO JOYA DORADO

UNAS
900 000
ESPECIES CONOCIDAS

«Según los **científicos**, quedan unos **10 millones** de especies de **insectos** por descubrir.»

INTRODUCCIÓN

11

EN MARCHA

La mayoría de los artrópodos están bien equipados para caminar, pues tienen al menos seis patas. Pero las moscas y otros insectos, en su estado joven, no tienen patas y reptan. Muchos pueden nadar en estanques y arroyos, y algunas arañas e insectos, caminar sobre el agua. Insectos como el saltamontes y la pulga son grandes saltadores. Y lo más espectacular: los insectos fueron los primeros en volar, y algunas especies son increíblemente rápidas y ágiles en el aire.

Los rígidos élitros abiertos actúan como alas de avión, dando suspensión extra.

Salir volando

El escarabajo de San Juan es un escarabajo robusto y acorazado que no parece muy bien adaptado para el vuelo. Sin embargo, las duras fundas de sus alas (élitros) esconden un par de largas alas que le permiten volar lejos en busca de pareja.

Las alas tiene fuertes nervios que las sujetan, pero permiten que batan para volar.

Este escarabajo tiene una articulación en las alas para plegarlas bajo los élitros cuando aterriza.

La transparente membrana del ala es una estructura fina pero compleja con dos capas de resistente quitina.

Este escarabajo va a aterrizar. Cuando vuela lleva las patas plegadas bajo el cuerpo para mejorar su aerodinámica.

ALZAR EL VUELO

La mayoría de los insectos voladores tienen dos pares de alas unidas, pero los escarabajos usan solo el par trasero para volar. Cuando no las necesitan, las delicadas alas están plegadas bajo su modificado par de alas delanteras, que se han convertido en élitros, lo que les permite excavar entre tallos de plantas sin dañar sus alas. Solo les lleva un segundo desplegar las alas y alzar el vuelo.

Preparado...

Antes de volar, este escarabajo de San Juan abre los élitros que cubren sus alas. Cuando hace frío, algunos insectos hacen vibrar sus músculos alares para calentarse.

Listo...

Con los élitros abiertos, el escarabajo ya puede desplegar sus largas alas traseras. Instintivamente, usa sus sensibles antenas para comprobar las corrientes de aire.

¡Ya!

Impulsándose con las patas, el escarabajo salta. Sus alas proporcionan el empuje y los élitros generan altura a medida que gana velocidad.

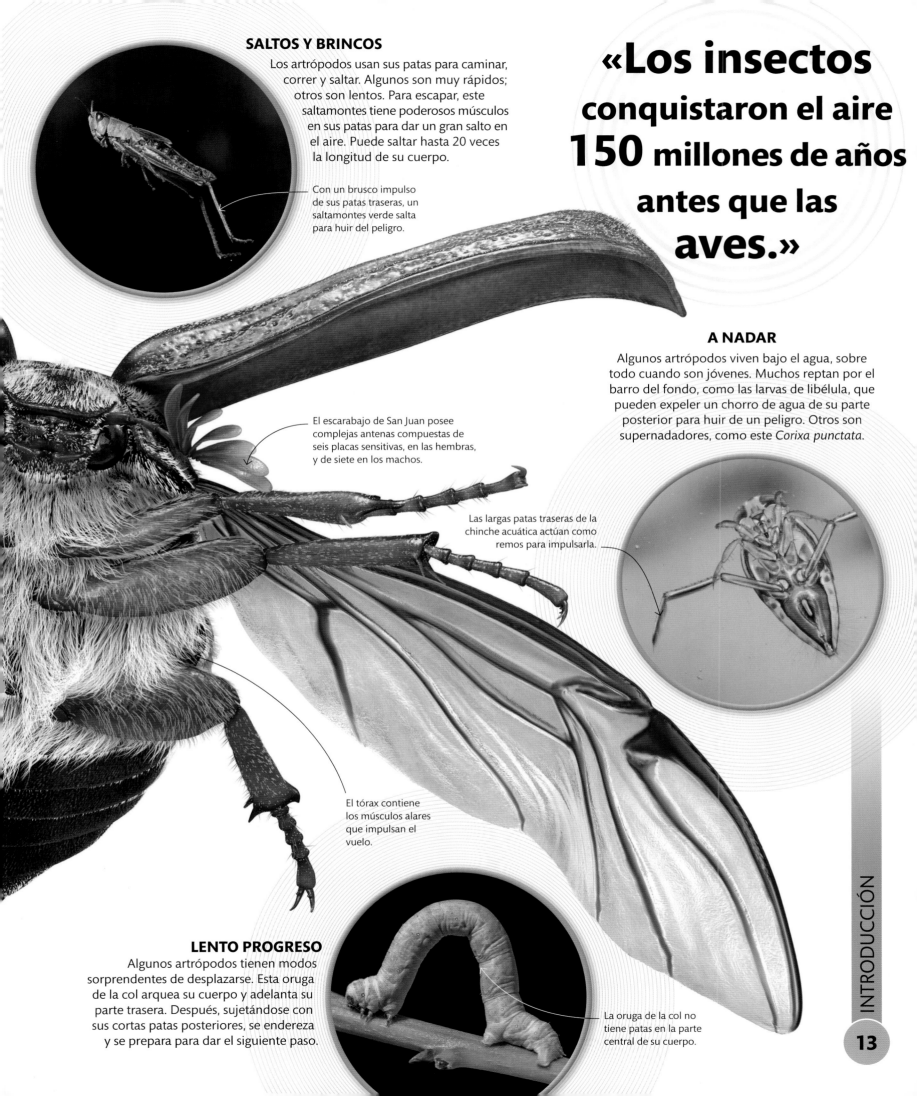

SALTOS Y BRINCOS

Los artrópodos usan sus patas para caminar, correr y saltar. Algunos son muy rápidos; otros son lentos. Para escapar, este saltamontes tiene poderosos músculos en sus patas para dar un gran salto en el aire. Puede saltar hasta 20 veces la longitud de su cuerpo.

Con un brusco impulso de sus patas traseras, un saltamontes verde salta para huir del peligro.

«Los insectos conquistaron el aire 150 millones de años antes que las aves.»

A NADAR

Algunos artrópodos viven bajo el agua, sobre todo cuando son jóvenes. Muchos reptan por el barro del fondo, como las larvas de libélula, que pueden expeler un chorro de agua de su parte posterior para huir de un peligro. Otros son supernadadores, como este *Corixa punctata*.

El escarabajo de San Juan posee complejas antenas compuestas de seis placas sensitivas, en las hembras, y de siete en los machos.

Las largas patas traseras de la chinche acuática actúan como remos para impulsarla.

El tórax contiene los músculos alares que impulsan el vuelo.

LENTO PROGRESO

Algunos artrópodos tienen modos sorprendentes de desplazarse. Esta oruga de la col arquea su cuerpo y adelanta su parte trasera. Después, sujetándose con sus cortas patas posteriores, se endereza y se prepara para dar el siguiente paso.

La oruga de la col no tiene patas en la parte central de su cuerpo.

CAZADOR SOBRE PATINES

Casi todos los artrópodos son pequeños, lo que les permite moverse de maneras impensables para animales más grandes y pesados. Esta araña balsa caza patinando en la superficie de un estanque. Está cubierta de un vello aterciopelado que repele el líquido y permite que la tensión superficial del agua soporte su peso. Detecta a sus presas por las ondas en el agua y las mata con su mordedura venenosa.

CRECER

El exoesqueleto de un artrópodo no puede estirarse a medida que crece. Por ello debe romper la vieja y rígida piel y expandirse en una nueva, más blanda. El proceso es difícil y peligroso, pues mientras su cuerpo es blando, es vulnerable a los ataques. Muchas especies mudan de piel al abrigo de la oscuridad o lejos de ojos indiscretos.

PRUEBAS DE LA VIDA

La mayoría de los animales comienzan su vida como una versión reducida de sus padres y crecen de forma gradual. Muchos artrópodos crecen así. Cuando el bebé de escorpión o de araña sale del huevo, su cuerpo es casi exactamente como el de su madre, con sus ocho patas. Esto hace que la muda sea una operación muy difícil.

Madre escorpión

La madre escorpión lleva a sus recién nacidos en el lomo para protegerlos de los depredadores.

Cada bebé escorpión tiene ocho patas, un par de pinzas y un diminuto aguijón.

TIEMPOS DIFÍCILES

Un artrópodo debe deshacerse de su exoesqueleto para crecer. La vieja cutícula (o piel) se separa interiormente de la nueva y se abre, permitiendo que el animal salga. Después debe bombear fluido o aire en la nueva y blanda cutícula para hacerla más grande antes de que se endurezca. Tarda unas dos horas en volverse dura y convertirse en un resistente exoesqueleto; mientras, el animal es muy vulnerable, pues carece de protección y de posibilidad de escapar.

La langosta del desierto desarrolla alas en la cuarta fase de su desarrollo.

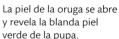
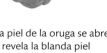

RECONSTRUCCIÓN COMPLETA

Mariposas, polillas, moscas y muchos otros insectos no comienzan siendo ninfas, sino que salen del huevo como blandos gusanos llamados orugas o larvas. Sus cuerpos alargados les permiten mudar de piel fácilmente. Comen y crecen sin parar antes de que sus cuerpos sean reconstruidos como adultos alados.

La oruga de la monarca totalmente crecida se fija a una ramita con seda.

Fase 1: Huevo

Las mariposas tienen un ciclo vital de cuatro fases. Comienzan su vida como huevos diminutos que la hembra deposita en una planta. La mariposa monarca norteamericana pone sus huevos en el algodoncillo.

Fase 2: Larva

El huevo eclosiona y de él sale una pequeña oruga o larva. La larva se come el huevo antes de alimentarse de hojas de algodoncillo. Cuanto más come, más crece. Muda cuatro veces antes de alcanzar su tamaño completo.

Fase 3: Pupa

Cuando la oruga está desarrollada del todo, deja de comer y muda de piel por quinta vez. Bajo esa piel aparece la pupa, la fase en la que su cuerpo se transformará en mariposa. Este proceso dura unas dos semanas.

La piel de la oruga se abre y revela la blanda piel verde de la pupa.

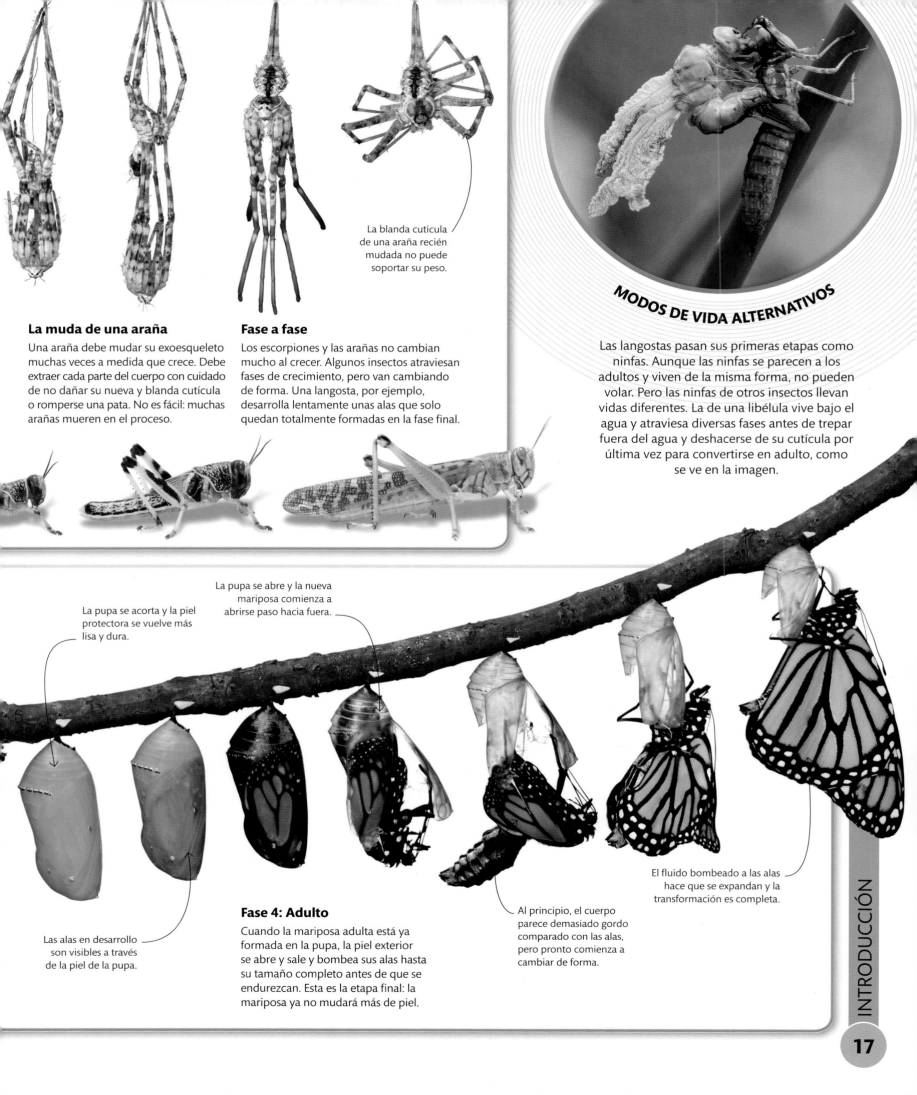

La muda de una araña

Una araña debe mudar su exoesqueleto muchas veces a medida que crece. Debe extraer cada parte del cuerpo con cuidado de no dañar su nueva y blanda cutícula o romperse una pata. No es fácil: muchas arañas mueren en el proceso.

Fase a fase

Los escorpiones y las arañas no cambian mucho al crecer. Algunos insectos atraviesan fases de crecimiento, pero van cambiando de forma. Una langosta, por ejemplo, desarrolla lentamente unas alas que solo quedan totalmente formadas en la fase final.

La blanda cutícula de una araña recién mudada no puede soportar su peso.

MODOS DE VIDA ALTERNATIVOS

Las langostas pasan sus primeras etapas como ninfas. Aunque las ninfas se parecen a los adultos y viven de la misma forma, no pueden volar. Pero las ninfas de otros insectos llevan vidas diferentes. La de una libélula vive bajo el agua y atraviesa diversas fases antes de trepar fuera del agua y deshacerse de su cutícula por última vez para convertirse en adulto, como se ve en la imagen.

La pupa se abre y la nueva mariposa comienza a abrirse paso hacia fuera.

La pupa se acorta y la piel protectora se vuelve más lisa y dura.

El fluido bombeado a las alas hace que se expandan y la transformación es completa.

Fase 4: Adulto

Cuando la mariposa adulta está ya formada en la pupa, la piel exterior se abre y sale y bombea sus alas hasta su tamaño completo antes de que se endurezcan. Esta es la etapa final: la mariposa ya no mudará más de piel.

Al principio, el cuerpo parece demasiado gordo comparado con las alas, pero pronto comienza a cambiar de forma.

Las alas en desarrollo son visibles a través de la piel de la pupa.

SUPER ANATOMÍA

Puede que sean pequeños, pero si los miras de cerca descubrirás lo increíbles que son. Sus cuerpos pueden tener formas asombrosas, con extraordinarias adaptaciones para sobrevivir. Algunas especies pasan desapercibidas gracias a ingeniosos camuflajes y otras, en cambio, llaman la atención brillando como joyas vivas.

POTENCIA DE FUEGO
ESCARABAJO BOMBARDERO AFRICANO

El escarabajo bombardero africano parece inofensivo, pero tiene un arma secreta: su propia arma química, que dispara un chorro hirviente y tóxico desde su parte posterior para abrasar a cualquier animal que lo ataque. El escarabajo puede apuntar su chorro con increíble precisión para infligir el máximo daño a su enemigo.

ARMA QUÍMICA

Cuando el escarabajo bombardero se asusta, las sustancias químicas almacenadas en dos saquillos elásticos de su abdomen se inyectan en un par de cámaras acorazadas. Allí se mezclan con una enzima que produce una reacción química que dispara el ardiente compuesto a través de una embocadura.

Como en todos los escarabajos, las alas delanteras son un par de fundas protectoras llamadas élitros.

Los líquidos se guardan en un saco muscular.

El saco los hace pasar a través de una válvula en la cámara de reacción.

Una glándula produce las sustancias.

El chorro sale por la embocadura de eyección.

Las enzimas que se liberan en la cámara hacen explotar el compuesto.

Dos bolsas almacenan hidroquinona y peróxido de hidrógeno.

Las cámaras de reacción están hechas de quitina, el mismo material del exoesqueleto del insecto.

DATOS Y CIFRAS

UNAS
500
ESPECIES

Los escarabajos bombarderos viven en casi todo el mundo y tienen uno de los mecanismos de defensa más explosivos del reino animal.

TEMPERATURA DEL CHORRO
100 °C de máxima

VELOCIDAD DEL CHORRO
2,5–20 m/s

DISTANCIA DE DISPARO
Hasta 30 cm, en un escarabajo de 2 cm

cm	10	20	30	40

VIDA ADULTA
5-6
SEMANAS

Escarabajos abrasadores

Muchas especies de escarabajos pequeños de todo el mundo han desarrollado este tipo de defensa química. Pero, a diferencia de otros, el escarabajo bombardero africano puede dirigir su chorro tóxico en casi cualquier dirección.

El escarabajo usa sus largas y sensitivas antenas para detectar el movimiento o el rastro de sus presas y depredadores.

Como casi todos los insectos adultos, el escarabajo bombardero cuenta con ojos compuestos.

Las mandíbulas están adaptadas para comer otros insectos.

El chorro se dispara en forma de pulsos en rápida sucesión.

Las largas patas de este escarabajo le permiten correr rápidamente, pero muchos de sus enemigos son más veloces.

FUEGO A DISCRECIÓN

Un escarabajo bombardero africano puede girar el extremo de su abdomen para disparar su chorro defensivo directamente a su atacante. Unos pequeños deflectores en forma de escudo afinan su puntería y le permiten disparar entre las patas o hacia atrás. El ardiente compuesto químico puede paralizar a una hormiga o a una araña atacante.

Las hormigas son enemigos peligrosos, con poderosas mandíbulas y aguijones, pero el chorro químico del bombardero las ahuyenta.

«El chorro se dispara a 500 pulsos por segundo.»

DE UN VISTAZO

TAMAÑO 2 cm de largo

HÁBITAT Bosques y praderas

LOCALIZACIÓN África, al sur del Sáhara

DIETA Otros insectos y animales similares, como arañas

MÁS PATAS

DEFENSA EN ESPIRAL

Ante el peligro, el milpiés se enrosca en una apretada espiral: su dura armadura protege el blando vientre. Los vivos colores de este milpiés tropical avisan de que puede desprender aceites fétidos.

POTENTES PATAS
MILPIÉS DE FUEGO

Los milpiés tienen más patas que cualquier otro animal del planeta. Algunos tienen más de 700, pero ningún milpiés tiene realmente mil pies. Su largo cuerpo está dividido en muchos segmentos circulares acorazados, cada uno con dos pares de patas. Este gran milpiés de fuego vive en las selvas de Madagascar. Como la mayoría de los milpiés, se alimenta de plantas en descomposición: es demasiado lento para capturar otros animales a pesar de tener tantas patas.

DE UN VISTAZO

● **TAMAÑO** Hasta 18 cm de largo, con hasta 63 segmentos

● **HÁBITAT** El suelo de los bosques tropicales y las plantas bajas

● **LOCALIZACIÓN** Madagascar

● **DIETA** Materia vegetal en descomposición, por ejemplo hojas

DATOS Y CIFRAS

UNAS
12 000
ESPECIES

Los milpiés están por todo el mundo. Se mueven despacio pero son poderosos zapadores que pueden abrirse paso incluso en los suelos más duros y secos.

LONGEVIDAD
10
AÑOS

NÚMERO DE PATAS

Hasta 750

| 0 | 200 | 400 | 600 | 800 |

HUEVOS

Una hembra pone hasta 300 huevos cada vez.

RECIÉN NACIDO

Tiene tres pares de patas y va añadiendo más a medida que crece.

DE RÉCORD

El milpiés gigante africano, con una longitud de 40 cm, es el más largo del mundo.

| cm | 10 | 20 | 30 | 40 | 50 |

LA MAYOR ARAÑA

DEFENSA PELUDA

Como todas las tarántulas y a diferencia del resto de las arañas, la Goliat tiene colmillos que se clavan hacia abajo en lugar de hacer pinza. Para una persona, su veneno no es peor que el de una avispa. La tarántula Goliat también puede frotarse el cuerpo para liberar una nube de pelos irritantes como defensa.

TAMAÑO GIGANTE
TARÁNTULA GOLIAT

Con robustas y peludas patas que podrían abarcar una página de este libro, la tarántula Goliat es la araña más grande de la Tierra. Es enorme y vaga de noche por el suelo de la selva en busca de grandes insectos, lagartos e incluso alguna serpiente. Aunque puede usar sus enormes colmillos para inyectar en su presa una dosis de veneno paralizante, a menudo usa su fuerza muscular para derrotar y matar a sus víctimas. De día, se retira a una grieta para quedar a salvo de sus enemigos.

DE UN VISTAZO

- **TAMAÑO** De 12 a 14 cm de largo
- **HÁBITAT** Selvas tropicales
- **LOCALIZACIÓN** Sudamérica
- **DIETA** Lombrices, insectos, ranas, pequeños reptiles y roedores

DATOS Y CIFRAS

UNAS

900

ESPECIES

Las tarántulas son grandes cazadoras y viven en las regiones tropicales y subtropicales. Existe una tarántula europea, pero es de una familia de arañas diferente.

LONGITUD DE LAS PATAS

	cm	10	20	30	40

30 cm

LONGITUD DE LOS COLMILLOS

	cm	0,5	1	1,5	2	2,5

2 cm

PESO

Hasta 170 g

ACTIVIDAD

Las tarántulas son solitarias cazadoras nocturnas.

LONGEVIDAD

25

AÑOS

AZUL COMO EL CIELO
MARIPOSA MORFO

El color esplendoroso e iridiscente de la mariposa tropical morfo azul es una de las visiones más asombrosas de la naturaleza. Lo produce la luz del sol reflejada en sus alas, que crea ese eléctrico color azul. Cuando la mariposa bate las alas, parece que el color parpadee.

«Las morfos azules son de las mariposas más grandes del mundo.»

Maravilla alada

Muchas mariposas tienen colores llamativos, pero pocas poseen el asombroso impacto visual de las morfos tropicales. Los machos son de un azul más vivo que las hembras, lo que se aprecia especialmente durante sus exhibiciones territoriales de alas.

PEQUEÑAS ESCAMAS

Las alas de la mayoría de las mariposas tienen diminutas escamas dispuestas como las tejas de un tejado, como se ve en esta imagen del ala de una morfo. Las escamas tienen rebordes microscópicos que dispersan la luz reflejada para crear el efecto azul metálico iridiscente.

DATOS Y CIFRAS

29 ESPECIES

Muchas especies de morfo viven en los bosques tropicales de Sudamérica y Centroamérica, pero no todas son azules.

ENVERGADURA

Entre 7,5 y 20 cm

| cm | 5 | 10 | 15 | 20 | 30 |

DEFENSA

Si está amenazada, una glándula entre las patas delanteras emite un olor desagradable.

ESTATUS

Las mariposas morfo se ven muy afectadas por la pérdida de hábitat y por la recolección excesiva.

LONGEVIDAD ADULTA

2-3 SEMANAS

Intimidan a los depredadores con los grandes ocelos de sus alas.

Cuando se posa en la sombra, sus alas suelen quedar cerradas para ocultar el azul.

Sus largas antenas detectan los olores; por ejemplo el de la fruta madura.

Ojos compuestos

DE UN VISTAZO

- **TAMAÑO** Envergadura de hasta 15 cm
- **HÁBITAT** Selvas tropicales
- **LOCALIZACIÓN** América Central y norte de Sudamérica
- **DIETA** Los adultos liban jugos de fruta podrida, y fluidos de animales muertos y excrementos; las orugas comen hojas

OSCURO SECRETO

La parte inferior de las alas de la morfo azul es de un apagado color marrón con ocelos, lo que le proporciona un excelente camuflaje en la moteada luz de la selva tropical, ocultándola de las aves y de otros depredadores.

Las espectaculares alas iridiscentes están orladas de negro.

GUERRAS DE ORUGAS

Las orugas de morfo están erizadas de pelos que irritan la piel, lo que les proporciona protección contra potenciales enemigos. Se alimentan de plantas de la familia del guisante. Si hay demasiadas orugas alimentándose de la misma planta, es probable que se ataquen unas a otras.

SUPERANATOMÍA

RESGUARDÁNDOSE

Algunos segadores viven en grupo, lo que es más seguro que vivir solos. Este grupo de la selva tropical de Costa Rica se protege de la lluvia bajo una hoja, pues cada gota es tan grande como su cuerpo.

TODO PATAS
SEGADOR

Parece una araña muy zancuda, pero no lo es. Aunque está emparentado con las arañas y tiene ocho largas patas, su cuerpo en forma de judía solo tiene dos ojos en la parte superior. Come con un par de poderosas mandíbulas llamadas quelíceros, parecidas a las de las arañas pero que, en lugar de tener colmillos venenosos, terminan en dos pinzas con las que deshace la comida en pequeños pedazos antes de tragarla. Un segador busca comida por medio del olfato y el tacto, palpando lo que tiene delante con su extralargo segundo par de patas.

DE UN VISTAZO

- **TAMAÑO** El cuerpo mide hasta 7 mm
- **HÁBITAT** Bosques, maleza y praderas
- **LOCALIZACIÓN** Todo el mundo, salvo la Antártida
- **DIETA** Insectos, plantas, hongos y materia muerta

DATOS Y CIFRAS

UNAS
6500
ESPECIES

Los segadores caminan sobre sus altas patas, por lo que parece que vayan sobre zancos. A menudo las limpian haciéndolas pasar por sus mandíbulas.

ENVERGADURA CON PATAS

cm	10	20	Hasta 34 cm 30	40

COLONIA
Los segadores pueden vivir en enjambres de hasta 70 000 individuos.

ACTIVIDAD
Estas criaturas patilargas están activas sobre todo por la noche.

DEFENSA
Pierden las patas, se ocultan entre desechos, emiten mal olor u oscilan de arriba abajo.

FÓSIL
Se han hallado fósiles en rocas de hace 400 millones de años.

LONGEVIDAD
1

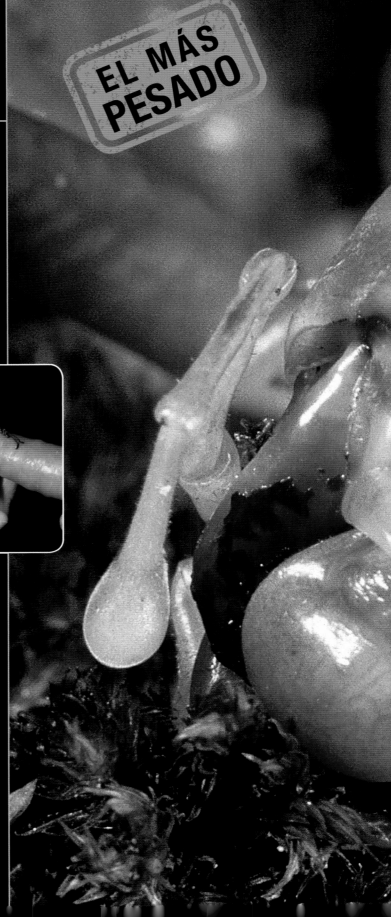

MONSTRUOSO
WETA GIGANTE

EL MÁS PESADO

En Nueva Zelanda se encuentra uno de los insectos más grandes del mundo, el weta gigante. La especie más grande de estos grillos sin alas llega a tener el tamaño de un ratón. Es tan grande y pesado que no puede saltar para escapar del peligro, por lo que silba como una serpiente para asustar a sus enemigos, que eran pocos hasta que los europeos colonizaron Nueva Zelanda e introdujeron gatos, ratas y otros depredadores. Esto ha hecho que los wetas gigantes escaseen y la especie más grande ya solo vive en Little Barrier Island, junto a la costa norte.

DE UN VISTAZO

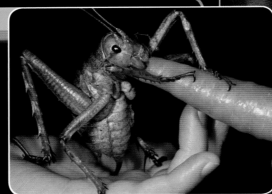

- **TAMAÑO** Hasta 10 cm de largo
- **HÁBITAT** Bosques, normalmente en los árboles
- **LOCALIZACIÓN** Nueva Zelanda
- **DIETA** Hojas, musgo, flores y fruta

DATOS Y CIFRAS

UNAS
11
ESPECIES DE WETA GIGANTE

La palabra *weta* viene del lenguaje local de Nueva Zelanda, el maorí. Al weta gigante se lo llama *wetapunga*, que significa «el dios de las cosas feas».

CRECIMIENTO

Longitud al nacer 0,5 cm

cm　2　4　6　8　10

La longitud de un adulto es de entre 7 y 10 cm

PESO

Los wetas pueden pesar hasta 71 g.

HUEVOS

La hembra pone hasta 300 huevos durante toda su vida.

MUDA

Los pequeños, al crecer, mudan hasta diez veces su gruesa funda exterior.

ESTATUS

Los wetas están en peligro por la pérdida de hábitat y los depredadores.

LONGEVIDAD

JPERANATOMÍA

FUERTES MANDÍBULAS

Hay unas 70 especies distintas de weta, entre ellas 11 gigantes, todas en Nueva Zelanda. La mayoría se alimentan de otros insectos, pero las especies gigantes comen hojas y musgo. Tienen poderosas mandíbulas y pueden morder con fuerza. Solo salen para alimentarse de noche.

MARIPOSA EXTRAGRANDE

MARIPOSA ALAS DE PÁJARO

Esta bonita mariposa tropical tiene una envergadura mayor que muchas aves. Vuela muy alto, sobre las copas de los árboles, donde liba néctar de las flores de las lianas. La hembra pone sus huevos en las mismas lianas, las cuales contienen un débil veneno. Cuando las orugas salen del huevo, comen de las lianas y desarrollan el veneno en su cuerpo. Esto hace que sepan muy mal, lo que las protege de los depredadores.

DE UN VISTAZO

- **TAMAÑO** Hasta 8 cm de largo; envergadura de hasta 28 cm
- **HÁBITAT** Selvas tropicales de baja altitud
- **LOCALIZACIÓN** Este de Papúa Nueva Guinea
- **DIETA** La oruga come hojas de la liana Aristolochia; los adultos liban néctar de flores, normalmente de la misma planta

DATOS Y CIFRAS

UNAS
36
ESPECIES

Las mariposas alas de pájaro viven en el lejano Oriente, desde India hasta Australia.

ESTATUS

!

Tres especies están en peligro por la pérdida de hábitat y por la caza.

HUEVOS

En sus tres meses de vida, pone hasta 240 huevos.

VELOCIDAD DE VUELO

Hasta 15 km/h

| km/h | 5 | 10 | 15 | 20 |

LONGEVIDAD ADULTA
3
MESES

LA MÁS GRANDE

«La alas de pájaro es una de las mariposas **más raras** del mundo.»

MACHO RUTILANTE
La deslumbrante mariposa macho tiene colores mucho más vivos que la hembra, que es más grande pero es marrón con marcas blancas. Los machos cortejan a las hembras volando sobre ellas con sus largas alas iridiscentes y liberando una dulce fragancia.

INSUMERGIBLE

PATINADOR DE AGUA

Este esbelto insecto es tan ligero que puede caminar sobre el agua. Los enlaces que unen las moléculas de agua en la superficie forman una película lo bastante resistente como para que se mantenga sobre ella. Esa película atrapa a otros insectos, presas fáciles para el patinador, que se desliza a toda velocidad sobre el agua para atacarlos.

Patas especializadas

Parece que el patinador solo tenga dos pares de patas, pero tiene un tercer par más corto en la parte delantera que usa para atrapar a sus presas. Patina sobre el agua con su par de patas medio y utiliza el trasero como un timón.

PATAS PELUDAS

Las patas del patinador de agua están cubiertas de un vello aterciopelado. Los pelos atrapan diminutas burbujas de aire que impiden que los pies se mojen y los adhieren a la superficie. Tan solo distienden el agua de la superficie, como si estuvieran en una cama elástica. El resto de su cuerpo está también cubierto de un vello parecido que evita que se hunda.

El patinador usa su par de patas medio para impulsarse como si fueran remos.

Las patas del patinador detectan en el agua las ondas que delatan a una presa en apuros.

DATOS Y CIFRAS

UNAS
500
ESPECIES

Los patinadores están por todo el mundo, sobre todo en zonas de agua dulce, pero también en los océanos cálidos.

CRECIMIENTO

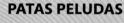

muda 1.ª 2.ª 3.ª 4.ª Adulto 5.ª

HUEVOS

La hembra pone hasta 200 huevos, que adhiere a plantas acuáticas.

DE RÉCORD

El patinador de agua gigante mide hasta 5 cm y sus patas miden 30 cm.

LONGEVIDAD
6-8
MESES

«Los patinadores de agua pueden desplazarse muy deprisa, a 1,5 m/s.»

Su cuerpo, ligero y esbelto, está cubierto de pelos que evitan que se hunda.

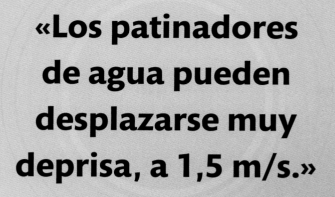

- **TAMAÑO** Aproximadamente 1 cm
- **HÁBITAT** Estanques, lagos, arroyos y ríos
- **LOCALIZACIÓN** Europa
- **DIETA** Pequeños animales en la superficie del agua

CAMINA EN EL AGUA

Utiliza sus fuertes patas delanteras para capturar a sus presas.

Una hormiga atrapada por la tensión superficial del agua se convierte en una presa fácil.

AGUIJÓN TÓXICO

Como todas las chinches, el patinador de agua no tiene mandíbulas. En su lugar tiene un afilado aguijón que inyecta una dosis de saliva tóxica en la presa. Este fluido digiere los tejidos blandos dentro del exoesqueleto de la víctima, convirtiéndolos en un líquido que el patinador después puede chupar.

SUPERANATOMÍA

35

EL MÁS BRILLANTE
LUCIÉRNAGA

Pocos animales son tan asombrosos como las luciérnagas. Estos escarabajos voladores brillan de noche para atraer pareja gracias a sus órganos luminosos en la parte posterior de sus cuerpos. Una reacción química crea la luz sin generar calor y la luciérnaga puede encenderla y apagarla a voluntad. Muchas luciérnagas brillan con unos patrones específicos.

Las largas antenas son sensibles al tacto, al gusto y al olfato.

Sus grandes ojos permiten captar las señales de las otras.

PATRONES DE RESPLANDOR

En Norteamérica hay muchas especies de luciérnagas. Cada una brilla con su propio patrón distintivo, que permite que los individuos se reconozcan entre sí. Algunas usan una secuencia de luces breves con pausas largas y cortas, mientras que otras brillan más tiempo, creando figuras luminosas en las noches de verano.

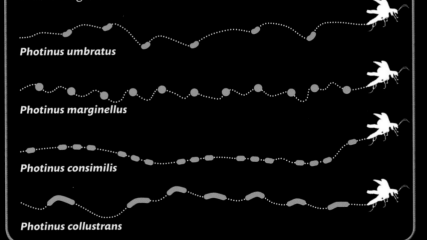

Photinus umbratus

Photinus marginellus

Photinus consimilis

Photinus collustrans

Atracción fatal

Esta luciérnaga americana del género *Photuris* usa sus órganos lumínicos para hacer señales luminosas a otras. Cuando la hembra distingue el código lumínico de un macho, lo invita a aparearse con una señal. Pero también es capaz de imitar la señal de una hembra de luciérnaga del género *Photinus* para atraer a un macho *Photinus* y devorarlo.

CARACOLES COMO PRESA

Las larvas de muchas luciérnagas son feroces depredadores que comen caracoles. La hambrienta larva atrapa un caracol con sus afiladas mandíbulas, que inyectan fluidos digestivos. Estos convierten los tejidos del caracol en una sopa, lista para que la sorba la larva. Esta es una larva de luciérnaga europea.

DATOS Y CIFRAS

UNAS **2000** ESPECIES

Están en todo el mundo. Las hembras de ciertas especies no vuelan y se las conoce como gusanos de luz.

EFICIENCIA

El 98 % de la energía que usa su órgano lumínico se convierte en luz.

DEFENSA

El cuerpo de una luciérnaga contiene toxinas que le dan mal sabor.

CICLO VITAL
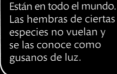
Vive un año como larva, después dos semanas como pupa y luego como adulto.

LUZ

La luz que producen las luciérnagas puede ser amarilla, naranja o verde.

LONGEVIDAD ADULTA

SEMANAS

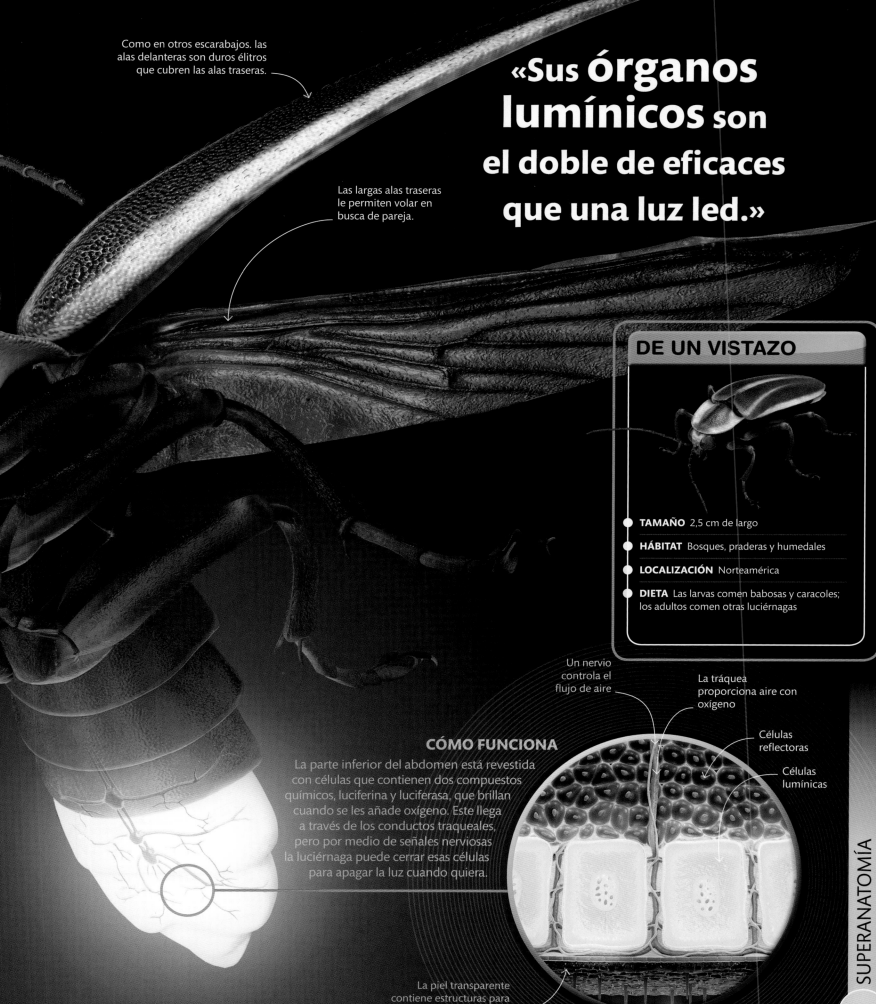

Como en otros escarabajos. las alas delanteras son duros élitros que cubren las alas traseras.

Las largas alas traseras le permiten volar en busca de pareja.

«Sus órganos lumínicos son el doble de eficaces que una luz led.»

DE UN VISTAZO

TAMAÑO 2,5 cm de largo

HÁBITAT Bosques, praderas y humedales

LOCALIZACIÓN Norteamérica

DIETA Las larvas comen babosas y caracoles; los adultos comen otras luciérnagas

Un nervio controla el flujo de aire

La tráquea proporciona aire con oxígeno

Células reflectoras

Células lumínicas

CÓMO FUNCIONA

La parte inferior del abdomen está revestida con células que contienen dos compuestos químicos, luciferina y luciferasa, que brillan cuando se les añade oxígeno. Este llega a través de los conductos traqueales, pero por medio de señales nerviosas la luciérnaga puede cerrar esas células para apagar la luz cuando quiera.

La piel transparente contiene estructuras para hacer la luz más brillante.

LUMINOSOS

Algunas luciérnagas de las regiones cálidas, como el sudoeste de Asia, viven en colonias y se iluminan a la vez. Estos espectáculos de luces sincronizadas pueden hacer que un árbol resplandezca con miles de luces y que se apague de pronto. Los científicos no saben todavía por qué estas luciérnagas se coordinan de forma tan espectacular.

IMITA UNA HOJA

Las hojas de este árbol tropical parecen normales, pero fíjate bien. Hay tres insectos hoja sujetándose a las ramas a plena vista. Para completar su disfraz, estos insectos incluso se mueven lentamente con la brisa, como hojas de verdad.

MAESTRO DEL CAMUFLAJE

INSECTO HOJA

Los insectos hoja han desarrollado el camuflaje más espectacular de todo el reino animal. Son parientes de los insectos palo, pero tienen cuerpos aplanados de color verde o marrón con la forma casi exacta de hojas, con pecíolo, nervaduras e incluso manchitas oscuras que imitan los daños sufridos por las hojas. Sus patas tienen anchas placas que asemejan restos de hojas roídas por otros insectos. Este asombroso disfraz lo ayuda a protegerse de las aves, que cazan entre los árboles y no ven a los insectos hoja colgando entre el follaje.

DE UN VISTAZO

- **TAMAÑO** 5–10 cm
- **HÁBITAT** Bosques tropicales
- **LOCALIZACIÓN** Malasia
- **DIETA** Hojas

DATOS Y CIFRAS

UNAS

54

ESPECIES

Los insectos hoja se encuentran desde el sur de Asia hasta Australia.

LONGEVIDAD ADULTA

7

MESES

HUEVOS

Una hembra puede poner hasta 500 huevos durante su vida.

ACTIVIDAD

A menudo se alimentan de noche, lo que los hace aún más difíciles de ver.

CAMBIO DE COLOR

Los jóvenes son de color rojo oscuro.

El color de los adultos va del verde al marrón amarillento.

CAMUFLAJE ARBÓREO

INSECTO PALO GIGANTE

Un insecto palo gigante tropical puede alcanzar más de medio metro de largo, es decir, más que tu brazo del el hombro a la muñeca. Es el insecto más largo de todos. Como en el resto de los insectos palo, su forma es un modo de camuflaje que lo hace parecido a las ramitas de los árboles en los que vive. Los insectos palo raramente se mueven durante el día, excepto para hacer más completo su disfraz meciéndose en la brisa al ritmo del follaje del bosque que los rodea. La especie que se ve aquí es el insecto palo titán, uno de los más largos de Australia.

EL INSECTO MÁS LARGO

DE UN VISTAZO

- **TAMAÑO** Longitud del cuerpo de hasta 27 cm; con las patas extendidas, 34 cm
- **HÁBITAT** Bosques
- **LOCALIZACIÓN** Noreste de Australia
- **DIETA** Hojas de árboles como cipreses, acacias y eucaliptos, además de otras plantas

DATOS Y CIFRAS

UNAS **2400** ESPECIES

Los insectos palo están en las zonas cálidas del mundo.

LONGEVIDAD ADULTA

DE RÉCORD

La especie más pequeña mide aproximadamente 1,1 cm.

| cm | 10 | 20 | 30 | 40 | 50 | 60 |

El insecto palo más largo mide 56 cm (con las patas delanteras extendidas).

DEFENSA

Algunos insectos palo fingen estar muertos, se deshacen de una pata, emiten un olor desagradable o atacan.

HUEVOS

Algunos insectos palo pueden poner hasta 2000 huevos.

BUSCADOR DE HOJAS

Al caer la noche, el insecto palo titán deja su refugio diurno y trepa por los árboles en busca de comida. No tiene que buscar demasiado, pues come hojas que mastica hasta convertirlas en pulpa.

PAPEL ESPECIAL

Como todas las hormigas,
las melíferas forman colonias
gobernadas por una reina.
Las obreras la sirven, construyen
el hormiguero y buscan comida.
Estas que almacenan alimento
son obreras especializadas.

RESERVAS VIVAS DE COMIDA

HORMIGAS MELÍFERAS

Estas hormigas australianas están tan hinchadas que ya solo pueden sujetarse al techo del hormiguero. Pero no es que hayan comido demasiado: sirven de almacenes de comida vivientes para las demás, que les proporcionan néctar, jugos animales y agua hasta que sus cuerpos se hinchan como globos. Pueden permanecer así muchos meses, listas para cuando escaseen la comida y el agua. Entonces, las otras extraerán el azucarado fluido de sus cuerpos, asegurándose así de que la colonia sobrevive hasta que de nuevo sea fácil encontrar comida.

DE UN VISTAZO

- **TAMAÑO** Hormiga obrera, 6 mm de largo
- **HÁBITAT** Praderas tropicales y desiertos
- **LOCALIZACIÓN** Australia
- **DIETA** Néctar de flores, fruta y otros insectos

DATOS Y CIFRAS

UNAS
34
ESPECIES

Las hormigas melíferas viven en los desiertos, donde es difícil encontrar comida.

COLONIA

Dependiendo de la especie, puede haber hasta 15 000 hormigas en una colonia.

| 0 | 5000 | 10 000 | 15 000 | 20 000 |

HUEVOS

Las reinas melíferas pueden poner hasta 1500 huevos al día.

PESO

Las hormigas hinchadas pesan 100 veces más que las otras obreras.

LONGEVIDAD DE LA COLONIA

PROMEDIO

ASOMBROSO
OLFATO

PILOTO AUTOMÁTICO

Sus antenas están llenas de
sensores químicos. Cuando
una antena detecta una
fragancia más fuerte que
la otra, la polilla cambia
automáticamente de rumbo
para llegar al objetivo.

ANTENAS SUPERSENSIBLES
PAVÓN NOCTURNO

Las antenas en forma de pluma del pavón nocturno macho son muy sensibles a un tipo especial de olor transportado por la brisa: la fragancia de una hembra recién salida de la crisálida. Las antenas pueden detectar desde grandes distancias incluso una pequeña cantidad de esta sustancia, llamada feromona, lo cual les permite localizar a la hembra y aparearse para concebir la siguiente generación de polillas. Esta es la única meta de la vida del pavón nocturno adulto, pues no puede comer y apenas vive un mes.

DE UN VISTAZO

- **TAMAÑO** Envergadura de hasta 15 cm
- **HÁBITAT** Campo abierto con matorrales bajos
- **LOCALIZACIÓN** Europa y Asia occidental
- **DIETA** Los adultos no comen; las orugas comen hojas de plantas leñosas

DATOS Y CIFRAS

UNAS

18

ESPECIES

El pavón nocturno se encuentra en Europa, Asia y Norteamérica.

HUEVOS

La hembra produce hasta 100 huevos, que pone en racimos de unos 20.

CRECIMIENTO

Los huevos tardan entre 10 y 30 días en eclosionar.

OLOR

El olor puede detectarse a unos 10 km de distancia.

DEFENSA

Los grandes ocelos de las alas pueden ahuyentar a los depredadores.

LONGEVIDAD ADULTA

EL INSECTO MÁS GRANDE
ESCARABAJO HÉRCULES

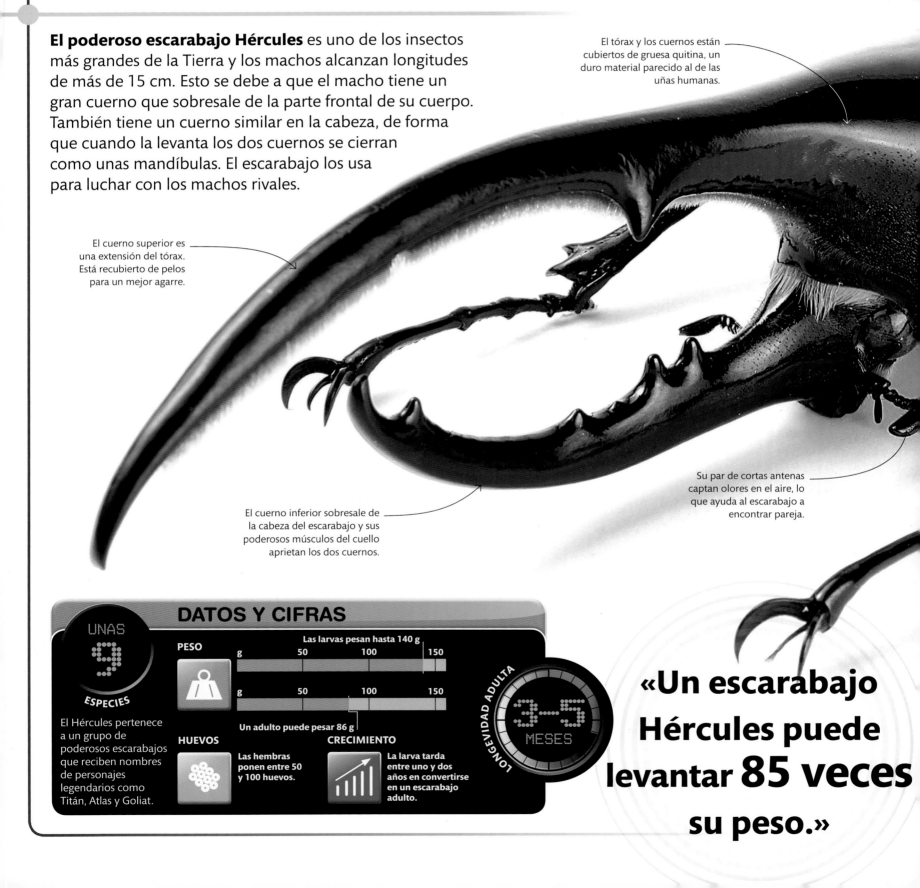

El poderoso escarabajo Hércules es uno de los insectos más grandes de la Tierra y los machos alcanzan longitudes de más de 15 cm. Esto se debe a que el macho tiene un gran cuerno que sobresale de la parte frontal de su cuerpo. También tiene un cuerno similar en la cabeza, de forma que cuando la levanta los dos cuernos se cierran como unas mandíbulas. El escarabajo los usa para luchar con los machos rivales.

El tórax y los cuernos están cubiertos de gruesa quitina, un duro material parecido al de las uñas humanas.

El cuerno superior es una extensión del tórax. Está recubierto de pelos para un mejor agarre.

El cuerno inferior sobresale de la cabeza del escarabajo y sus poderosos músculos del cuello aprietan los dos cuernos.

Su par de cortas antenas captan olores en el aire, lo que ayuda al escarabajo a encontrar pareja.

DATOS Y CIFRAS

UNAS
9
ESPECIES

El Hércules pertenece a un grupo de poderosos escarabajos que reciben nombres de personajes legendarios como Titán, Atlas y Goliat.

PESO

Las larvas pesan hasta 140 g

| g | 50 | 100 | 150 |

| g | 50 | 100 | 150 |

Un adulto puede pesar 86 g

HUEVOS

Las hembras ponen entre 50 y 100 huevos.

CRECIMIENTO

La larva tarda entre uno y dos años en convertirse en un escarabajo adulto.

LONGEVIDAD ADULTA
3-5
MESES

«Un escarabajo Hércules puede levantar **85 veces** su peso.»

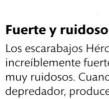

Fuerte y ruidoso

Los escarabajos Hércules no solo son increíblemente fuertes, sino también muy ruidosos. Cuando los amenaza un depredador, producen chirridos silbantes frotando sus élitros contra el abdomen.

Sus delicadas alas están protegidas por duras fundas (élitros), que se abren cuando se dispone a volar.

DE UN VISTAZO

- **TAMAÑO** Hasta 17 cm de largo
- **HÁBITAT** Selvas tropicales
- **LOCALIZACIÓN** Centroamérica y Sudamérica
- **DIETA** La larva se alimenta de madera podrida; los adultos, de fruta caída

Abdomen

Sus esbeltas patas articuladas son mucho más fuertes de lo que parecen y le permiten levantar a sus rivales.

CAMPEONATO DE LUCHA

Los escarabajos Hércules macho compiten como luchadores de sumo por aparearse con una hembra. Cada uno intenta agarrar al otro sin atascar sus cuernos, que parecen pinzas. Si uno lo consigue, podrá levantar fácilmente a su adversario y darle la vuelta.

PESOS PESADOS

Un escarabajo Hércules pesa incluso más en su fase de larva zapadora, alimentándose de madera podrida. Otros escarabajos tropicales pueden incluso pesar más, siempre que coman lo suficiente antes de convertirse en adultos. Esto es porque solo pueden crecer cuando son larvas.

ESCARABAJO TITÁN
El escarabajo Titán, de Sudamérica, es el más grande del mundo. Aunque mide lo mismo que el Hércules, tiene un cuerpo mucho más grande y pesado.

ESCARABAJO GOLIAT
Aunque más corto (11 cm) que el escarabajo Hércules, el escarabajo Goliat, de África central, es mucho más pesado y llega a pesar 100 g.

SUPERANATOMÍA

ESCARABAJO VOLADOR

A pesar de su peso, el escarabajo Hércules es capaz de volar. Este macho ha abierto sus élitros y se propulsa con sus delicadas alas posteriores. Parece estar desequilibrado, pero en realidad sus grandes cuernos son muy ligeros. Los élitros extendidos actúan como las alas de un avión, ayudando a generar elevación al tiempo que el escarabajo bate sus alas traseras y avanza por el aire.

«Los científicos estudian su vuelo implantándoles un miniordenador.»

MORDEDURA VENENOSA
ESCOLOPENDRA GIGANTE

La tropical escolopendra gigante es un temible depredador, capaz de matar una tarántula con una sola mordedura de sus garras parecidas a colmillos (forcípulas). Es casi ciega, pero localiza a sus presas por medio del olfato y el tacto, lo que le permite cazar en la oscuridad.

Las largas antenas son su principal órgano sensorial y detectan a sus presas mediante el tacto y el olor.

La escolopendra mastica la comida con sus mandíbulas antes de tragarla.

Unas patas cortas y móviles llamadas palpos le sirven para despedazar a sus presas.

Las forcípulas son patas modificadas, con puntas afiladas y huecas para inyectar veneno.

DE UN VISTAZO

- **TAMAÑO** Hasta 30 cm de largo
- **HÁBITAT** Bosques tropicales
- **LOCALIZACIÓN** Norte de Sudamérica
- **DIETA** Otros animales como insectos, arañas, lagartos, ranas, murciélagos y pájaros pequeños

Cazador de múltiples patas

Esta es la más grande de las escolopendras o ciempiés, miriápodos con un par de patas en cada segmento. A pesar del nombre *ciempiés*, solo tiene 46 patas. Los ciempiés son rápidos cazadores que prefieren lugares oscuros y húmedos y viven bajo tierra.

Cada forcípula contiene una glándula de veneno. Unos músculos aprietan la glándula para inyectar el veneno en la mordedura.

DATOS Y CIFRAS

UNAS
3000
ESPECIES

Existen miles de especies. Pocas son tan grandes como la escolopendra gigante, pero algunas tienen muchas más patas.

NÚMERO DE PATAS

Máximo de 354 patas

| 0 | 100 | 200 | 300 | 400 |

Mínimo de 34 patas

HUEVOS

Una hembra pone hasta 60 huevos y los protege hasta que eclosionan.

ACTIVIDAD

Los ciempiés son activos por la noche. Algunos cazan murciélagos en cuevas.

LONGEVIDAD
HASTA
10
AÑOS

Las patas están adaptadas para la velocidad y se mueven en secuencia como ondas a los lados del cuerpo de la escolopendra.

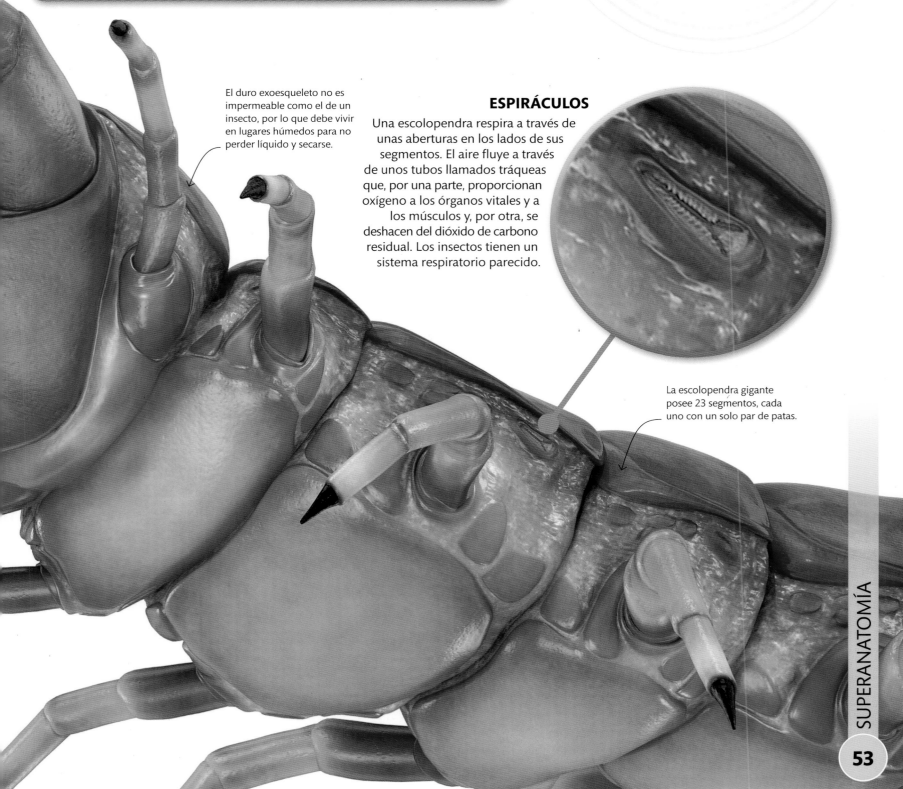

DIETA DE INSECTOS

Tras capturar a su presa con sus afiladas y fuertes forcípulas, la escolopendra le inyecta una dosis de veneno letal. Sujeta fuerte a la víctima con sus patas hasta que muere. Entonces, la despedaza con sus palpos mientras mastica la dura cutícula del insecto. Mientras come, el fluido de dos grandes glándulas salivales comienza a descomponer la comida.

«La escolopendra gigante puede matar incluso murciélagos en pleno vuelo.»

El duro exoesqueleto no es impermeable como el de un insecto, por lo que debe vivir en lugares húmedos para no perder líquido y secarse.

ESPIRÁCULOS

Una escolopendra respira a través de unas aberturas en los lados de sus segmentos. El aire fluye a través de unos tubos llamados tráqueas que, por una parte, proporcionan oxígeno a los órganos vitales y a los músculos y, por otra, se deshacen del dióxido de carbono residual. Los insectos tienen un sistema respiratorio parecido.

La escolopendra gigante posee 23 segmentos, cada uno con un solo par de patas.

DIETA TÓXICA

Las mariposas de cristal se alimentan de un néctar que contiene sustancias tóxicas para otras criaturas. Su cuerpo convierte esas toxinas en sustancias con muy mal sabor. Así se protegen de las aves y de otros depredadores. Las orugas comen plantas tóxicas que producen el mismo efecto.

ALAS TRANSPARENTES

MARIPOSA DE CRISTAL

Las alas de la mayoría de las mariposas están cubiertas de escamas que les confieren sus colores y dibujos. Pero la mariposa de cristal es diferente: solo tiene escamas en los bordes de las alas y el resto es transparente, como cristal. De hecho, el ala es transparente gracias a estructuras microscópicas que evitan que refleje la luz y que reluzca al sol, lo que hace que la mariposa sea casi invisible para sus enemigos.

DE UN VISTAZO

- **TAMAÑO** Hasta 3 cm de largo y 6 cm de envergadura
- **HÁBITAT** Selvas tropicales
- **LOCALIZACIÓN** América Central
- **DIETA** Las larvas comen hojas; los adultos liban néctar

DATOS Y CIFRAS

UNAS

38

ESPECIES

Estas mariposas viven sobre todo en las selvas tropicales de América Central y del Sur.

MIGRACIÓN Las especies migratorias viajan 12 km al día.

km		5	10		15	20

VELOCIDAD Alcanza 13 km/h durante cortos períodos.

km/h		5	10		15	20

LONGEVIDAD ADULTA

HASTA

GRAN ANGULAR

La mosca de ojos saltones nace sin sus pedúnculos oculares. Para extenderlos, bombea aire en su cabeza para que los pedúnculos se extiendan como antenas de radio. Ambos sexos los tienen, pero los de los machos son mucho más largos.

DUELO OJO POR OJO
MOSCA DE OJOS SALTONES

Los ojos de esta extraordinaria mosca se encuentran al final de largos y finos pedúnculos. La mosca macho usa esta característica única para competir por las hembras, que prefieren aparearse con un macho que tenga pedúnculos extralargos, pues es un indicativo de fuerza. Los machos rivales también lo saben y cuando se enfrentan en un duelo, el macho con los pedúnculos más cortos se retira. Esto significa que los machos con los pedúnculos más largos engendran a casi todas las jóvenes moscas, que heredarán sus asombrosos ojos.

DE UN VISTAZO

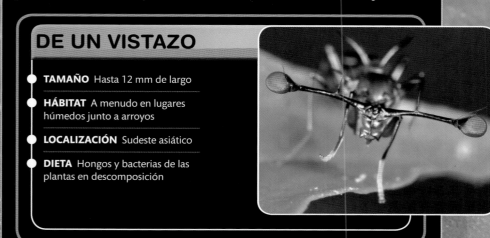

- **TAMAÑO** Hasta 12 mm de largo
- **HÁBITAT** A menudo en lugares húmedos junto a arroyos
- **LOCALIZACIÓN** Sudeste asiático
- **DIETA** Hongos y bacterias de las plantas en descomposición

DATOS Y CIFRAS

UNAS

150

ESPECIES

Estas moscas viven en Asia y África, y hay una especie en Europa y dos en Norteamérica.

LONGEVIDAD ADULTA

200

DÍAS

LONGITUD DEL PEDÚNCULO

1,5 cm entre ambos ojos.

cm	0,5	1	1,5	2

HUEVOS

Las hembras ponen entre 4 y 6 huevos al día durante 6 meses.

VISIÓN

Estas increíbles y diminutas moscas tienen un campo de visión de 360°.

RONDADOR NOCTURNO

Como muchos de sus parientes, este vinagrillo del sudeste asiático vive en bosques cálidos y húmedos y normalmente caza de noche. El vinagrillo detecta a sus presas en la oscuridad con sus largas y esbeltas patas delanteras antes de atrapar y aplastar a su víctima entre sus garras.

ATAQUE DE ÁCIDO
VINAGRILLO

¡Cuidado con el escorpión látigo! Esta terrorífica criatura, a menudo llamada vinagrillo, es un arácnido, pariente de ocho patas de las arañas y los escorpiones, y posee una cola larga como un látigo. Parece peligroso, con sus garras y su amenazadora postura defensiva, pero no tiene aguijón ni colmillos venenosos. Si lo atacan, se defiende rociando ácido acético (que huele a vinagre) con una glándula que tienen en la base de la cola, de ahí su nombre. Si el ácido le entra en los ojos a su enemigo, le causa ceguera temporal, lo que le permite escapar.

DE UN VISTAZO

- **TAMAÑO** Hasta 5 cm de largo, sin incluir la cola-látigo
- **HÁBITAT** Bosques, pastizales y desiertos
- **LOCALIZACIÓN** Sur y sudeste de Asia, América del Norte y del Sur y África
- **DIETA** Sobre todo insectos, pero también lombrices y babosas

DATOS Y CIFRAS

UNAS
100
ESPECIES

Los escorpiones látigo viven sobre todo en la América tropical y en el lejano Oriente.

DISTANCIA DE ROCIADO Pueden rociar con precisión hasta a 30 cm.

| cm | 10 | 20 | 30 | 40 |

HUEVOS

Una hembra lleva hasta 40 huevos en una bolsa bajo su abdomen.

ACTIVIDAD
Cavan agujeros o se esconden entre desechos. Salen de noche para cazar.

LONGEVIDAD

7
AÑOS

DESLUMBRANTE ENGAÑO
POLILLA AVISPA

Las rayas de advertencia amarillas y negras significan por lo general una cosa: peligro, doloroso aguijón. Pero este insecto no tiene aguijón y no puede morder. Es una polilla inofensiva a la que los pájaros hambrientos toman por una gran avispa, o avispón. Incluso sus gruesas antenas son como las de un avispón. Lo único que le falta para ser idéntica es una cintura de avispa. Pero la polilla avispa no necesita engañar a sus potenciales enemigos durante mucho tiempo. Tras meses como una larva perforando madera, la polilla adulta solo vive unos días.

DE UN VISTAZO

- **TAMAÑO** Envergadura de hasta 5 cm
- **HÁBITAT** Cerca de álamos y sauces
- **LOCALIZACIÓN** Europa
- **DIETA** Las larvas excavan en los troncos de álamo, alimentándose de la madera; los adultos no comen

DATOS Y CIFRAS

UNAS
22
ESPECIES

Polillas que imitan a avispas con aguijón pueden encontrarse por todo el mundo.

LONGEVIDAD ADULTA
UNOS

CRECIMIENTO

Longevidad media en años, del estado larvario al adulto

años	½	1	1½	2	2½

HUEVOS
Una hembra pone unos 1000 huevos.

ACTIVIDAD
Las polillas avispa están más activas durante el día.

ERANATOMÍA

«Cuando una criatura **inofensiva** imita a una especie mucho más **aterradora**, se llama mimetismo batesiano.»

POSADOR NATO

Cuando una polilla avispa sale a comienzos de verano, pasa mucho tiempo descansando en un árbol antes de volar. El adulto no come y solo vive el tiempo suficiente para encontrar pareja y reproducirse.

SUPERPROBÓSCIDE

GORGOJO DEL AVELLANO

Los gorgojos son escarabajos especializados con largas probóscides y cuerpos extraños. La probóscide fina y curva de la hembra del gorgojo del avellano es tan larga como el resto de su cuerpo, una adaptación especial para perforar agujeros en las avellanas y poner sus huevos dentro.

La probóscide del gorgojo del avellano termina en unas mandíbulas para comer y perforar las avellanas.

DE UN VISTAZO

- **TAMAÑO** Unos 8 mm
- **HÁBITAT** Avellanos en los bosques
- **LOCALIZACIÓN** Europa
- **DIETA** Avellanas, yemas y hojas

PERFORADORES

El gorgojo del avellano es solo uno entre muchos gorgojos especialmente adaptados para perforar frutos duros. Este otro prefiere las bellotas, el fruto de los robles.

DATOS Y CIFRAS

UNAS 60 000 ESPECIES

Hay gorgojos en todo el mundo. La mayoría de las especies se alimentan de un solo tipo de planta.

HUEVOS

La hembra pone hasta 30 huevos.

| 0 | 5 | 10 | 15 | 20 | 25 | 30 | 35 |

PLAGAS DE LOS CULTIVOS

Muchos gorgojos dañan cosechas, como por ejemplo el arroz.

PLAGAS DOMÉSTICAS

Los gorgojos también se encuentran en los cereales y en la harina.

LONGEVIDAD ADULTA 2-3 MESES

«La longitud y la **forma** de la probóscide varían mucho según la especie.»

Sus fuertes patas con garras son ideales para trepar por el follaje.

El árbol de la vida

El gorgojo del avellano pasa toda su vida en un tipo de planta: el avellano. Los adultos se alimentan de las yemas y las hojas, y las hembras ponen sus huevos en los frutos. Las larvas se comen las avellanas y, cuando emergen, se entierran en el suelo para convertirse en adultos.

GORGOJOS RAROS

Muchos gorgojos tienen formas inusuales, vivos colores y dibujos, o están cubiertos de pelos como púas.

GORGOJO AZUL

El gorgojo azul de las selvas tropicales de Nueva Guinea está cubierto de diminutas escamas crestadas que brillan de color verde azul iridiscente a los rayos de sol.

PICUDO ROJO

Este gorgojo grande y rojizo es una de las muchas especies que se han convertido en plagas de los cultivos. Sus larvas hacen profundos agujeros en las palmeras que las matan.

GORGOJO LARINUS

El peludo cuerpo del *Larinus sturnus* (como muchos otros gorgojos, no tiene nombre común) está cubierto de manchas amarillo vivo. Vive en los prados de Europa.

GORGOJO PELUDO

Las cerdas vivamente coloreadas del lomo de este gorgojo de Madagascar lo ayudan a encontrar pareja.

CUERPO SUPERFINO
ESCARABAJO VIOLÍN

Hay muchas pequeñas criaturas que viven bajo la corteza suelta de los árboles muertos para ocultarse de los depredadores. Pero no hay escapatoria en los bosques del sudeste asiático. Allí los captura un insecto perfectamente adaptado para cazarlos: el escarabajo violín. Con su cuerpo plano, este escarabajo se mete bajo la corteza desconchada y con su estrecha cabeza sondea las grietas de la madera en busca de larvas y caracoles. Tantea en la oscuridad con sus largas antenas y atrapa a sus presas con sus afiladas y curvas mandíbulas.

DE UN VISTAZO

- **TAMAÑO** Hasta 10 cm de largo
- **HÁBITAT** Árboles de la selva
- **LOCALIZACIÓN** Sudeste asiático
- **DIETA** Insectos y caracoles

DATOS Y CIFRAS

UNAS
5
ESPECIES

Se le llama así por su cuerpo en forma de violín. Vive en el sudoeste de Asia.

DEFENSA

Para ahuyentar a los depredadores, el escarabajo violín segrega un fluido maloliente.

ACTIVIDAD

Esta especie es un cazador nocturno.

CRECIMIENTO

Las larvas tardan nueve meses en desarrollarse.

meses											
1	2	3	4	5	6	7	8	9	10	11	12

LONGEVIDAD ADULTA
2-3
AÑOS

INTRUSO INVISIBLE

Los anchos y planos élitros (alas anteriores) del escarabajo violín son muy finos, casi transparentes. Eso hace difícil ver a este cazador mientras merodea entre las hojas muertas del suelo del bosque.

EL INSECTO
MÁS PLANO

ALAS PELUDAS

Aunque algunas moscas hada no tienen alas o las tienen muy cortas, muchas tienen alas muy extrañas, cubiertas de largos pelos. Pueden parecer inútiles para volar, pero la mecánica de vuelo en tamaños tan pequeños es diferente, por lo que vuelan perfectamente.

EL INSECTO VOLADOR MÁS PEQUEÑO

SORPRENDENTE PEQUEÑEZ
MOSCA HADA

Las moscas hada, llamadas así por su reducido tamaño y sus alas parecidas a plumas, son en realidad avispas diminutas y los insectos voladores más pequeños que existen. Son tan minúsculas que ponen sus huevos dentro de los huevos de otros insectos. Cuando la larva de la avispa eclosiona, se alimenta del huevo huésped hasta que se convierte en adulto. Estos viven poco tiempo y muchos no se alimentan, pues se dedican solo a reproducirse. El macho de una especie de Costa Rica es el insecto más pequeño del mundo.

DE UN VISTAZO

TAMAÑO Hasta 5,4 mm de largo, pero la mayoría miden solo entre 0,5 y 1 mm

HÁBITAT Extendidas en todos los hábitats; algunas son incluso acuáticas

LOCALIZACIÓN Por todo el mundo excepto en las regiones polares

DIETA Las larvas comen huevos de insectos; los adultos liban néctar o ligamaza o no se alimentan

DATOS Y CIFRAS

UNAS 1400 ESPECIES

Las moscas hada viven por todas partes, pero son tan pequeñas que casi nunca las vemos.

LONGEVIDAD ADULTA 1-15 DÍAS

DE RÉCORD

La especie más pequeña es de un cuarto del tamaño de un punto y aparte.

HUEVOS

La hembra pone hasta 100 huevos.

ACTIVIDAD

Las moscas hada están activas durante el día. Normalmente son insectos solitarios.

INSECTOS ACUÁTICOS

Las especies acuáticas usan sus alas para nadar.

LA LENGUA MÁS LARGA

ESFINGE DE MORGAN

Esta polilla de Madagascar tiene la lengua más larga que los demás insectos. La necesita para introducirla en una orquídea blanca en forma de estrella cuyo néctar se esconde al final de un tubo muy largo. La orquídea tiene una fragancia muy fuerte y dulce que solo libera de noche, lo cual atrae a la polilla desde una gran distancia. Como ningún otro insecto puede alcanzar el depósito de néctar de la orquídea, esta polilla tiene su fuente de alimento garantizada.

Sus largas alas le permiten volar con agilidad

No se queda quieta en el aire junto a la flor, sino que se agarra a ella con las patas.

Dulce premio
Al aterrizar en la orquídea en forma de estrella, la polilla desliza su larga lengua hasta el fondo del espolón de la flor para libar el néctar. Cuando termina, se va volando en busca de otra flor igual. En el proceso, transporta polen de una orquídea a otra, lo que ayuda a la planta a polinizarse y a crear semillas.

Los pétalos blancos son visibles en la oscuridad.

El espolón de la flor es un estrecho tubo con la anchura justa para que quepa la lengua de la polilla.

La larga y fina lengua de la polilla

«La lengua de la polilla mide más de **cinco** **veces** la longitud de su cuerpo.»

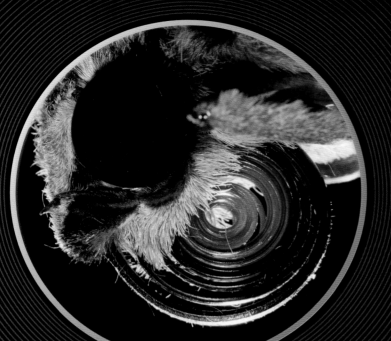

BUEN ROLLO

Cuando la lengua increíblemente larga de la esfinge no está dentro de una flor, está enrollada bajo la cabeza del insecto en un rollo plano. La lengua, que es tubular, funciona como una pajita para beber el dulce líquido.

DE UN VISTAZO

- **TAMAÑO** Unos 6,5 cm de largo, sin contar la lengua
- **HÁBITAT** Bosques tropicales
- **LOCALIZACIÓN** Madagascar y este de África
- **DIETA** La polilla adulta liba néctar; la oruga come hojas

El néctar está oculto en lo profundo del espolón de la flor y solo esta esfinge es capaz de alcanzarlo.

SERVICIO A DOMICILIO

1 La orquídea tiene una buena razón para atraer a la polilla: la necesita para que lleve polen a otra orquídea de la misma especie. El polen está contenido en dos pequeñas cápsulas y, cuando la polilla se marcha de la flor, las cápsulas se pegan a la base de su larguísima lengua.

2 Con la lengua bien enrollada y las cápsulas de polen ya pegadas, la polilla se prepara para volar en busca de otra orquídea. No le interesan otros tipos de flor, así que no hay riesgo de que entregue el néctar a la planta equivocada. Hace exactamente lo que la orquídea necesita que haga.

3 Cuando encuentra otra orquídea, desenrolla su lengua para libar el néctar. Mientras se alimenta, las cápsulas de polen se transfieren a la nueva flor, fertilizándola para que pueda producir semillas. El mensajero alado de la orquídea ha hecho su trabajo y su esfuerzo le vale otra dulce recompensa.

DATOS Y CIFRAS

ACTIVIDAD
Las polillas esfinge son insectos que se alimentan de noche.

DEFENSA
Durante el día, cuando descansan, están camufladas para protegerse de los depredadores.

DE RÉCORD
La lengua de la polilla mide unos 35 cm.

ALETEO
Las polillas esfinge son voladoras rápidas que mueven las alas muy deprisa.

UNAS 1450 ESPECIES
La esfinge de Morgan es uno de los muchos esfíngidos que existen en todo el mundo.

LONGEVIDAD ADULTA

UNAS 10 SEMANAS

BRILLANTE INSECTO DORADO
ESCARABAJO DE ORO

Algunos de los escarabajos más bellos del mundo son los escarabajos joya, famosos por sus sorprendentes colores y sus brillantes cuerpos, que parecen hechos de metal. Este efecto metálico lo causa la luz al incidir en una estructura especial a capas en su exoesqueleto. Muchos son verdes o rojos, pero el escarabajo de oro, de América Central, está teñido de amarillo, lo que hace que parezca de oro macizo. Curiosamente, eso lo vuelve más difícil de ver, pues el reflejo lo camufla entre las hojas húmedas e iluminadas por el sol de la selva tropical en la que habita.

DE UN VISTAZO

- **TAMAÑO** Hasta 3 cm de largo
- **HÁBITAT** Bosques tropicales de montaña
- **LOCALIZACIÓN** América Central
- **DIETA** Hojas

DATOS Y CIFRAS

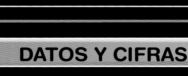

UNAS
85
ESPECIES

Los escarabajos joya se encuentran en América Central y del Sur y en el sudoeste de Estados Unidos.

LONGEVIDAD ADULTA
UNOS

ACTIVIDAD

Está activo sobre todo por la noche y lo atraen las luces brillantes.

MUY PRECIADO

Un escarabajo de oro puede costar más de 300 euros entre los coleccionistas.

DEFENSA

A la luz del sol, el cuerpo reluciente confunde a los depredadores.

ESTATUS

Amenazado por destrucción de hábitat y por los coleccionistas.

ERANATOMÍA

EXCAVADOR DE ORO

El escarabajo de oro está perfectamente adaptado para excavar en la tierra. Con sus patas delanteras, amplias y en forma de pala, este escarabajo aparta fácilmente la tierra a su paso.

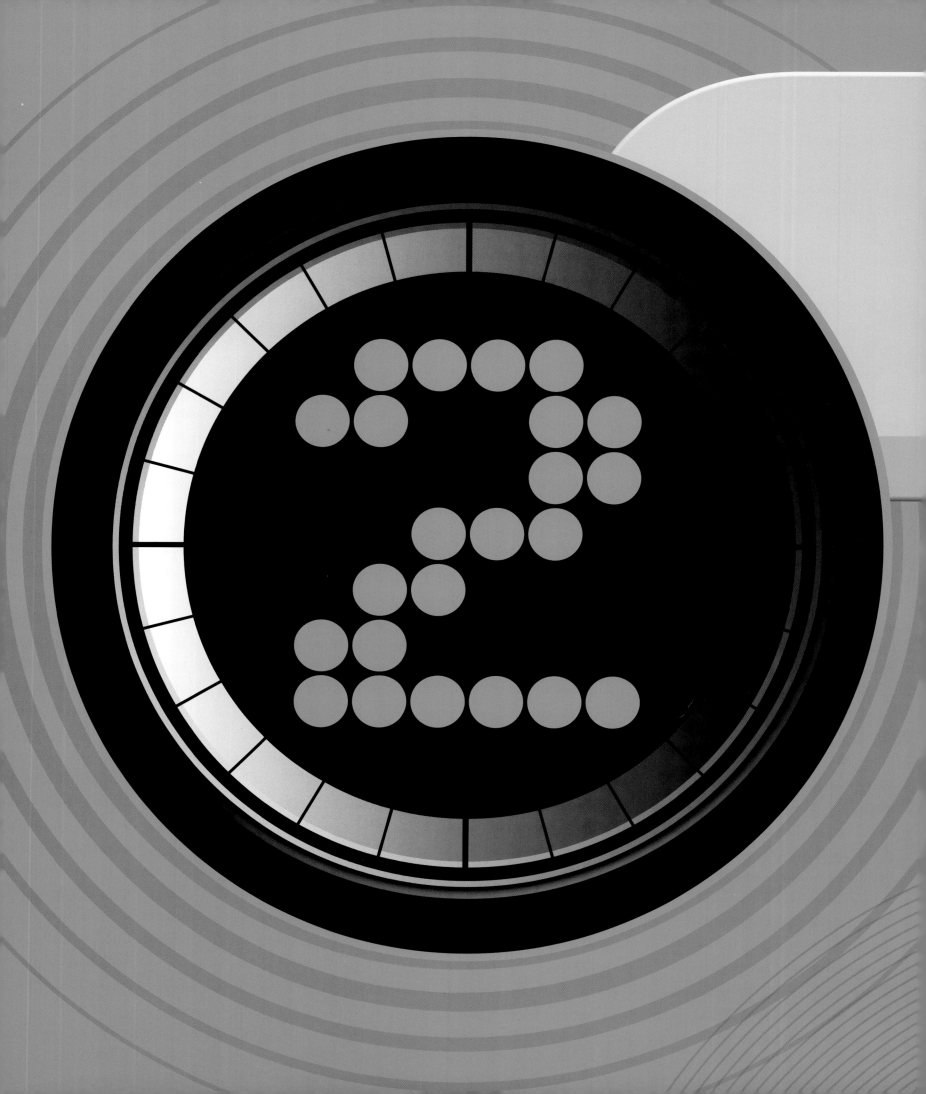

ATLETAS DEL MUNDO ANIMAL

Ya sea corriendo, saltando o volando, los artrópodos baten récords. Pese a su pequeño tamaño, algunos se mueven a velocidad de vértigo y realizan asombrosas proezas tanto en tierra como en el aire. Muchos usan sus habilidades para cazar, comer o escapar del peligro.

LA MAYOR MIGRACIÓN

EL GRAN SUEÑO

En invierno, grandes cantidades de mariposas monarca se congregan en los templados bosques de California y México. Se quedan allí más de cuatro meses, durmiendo en densos racimos en los árboles, y viajan después al norte para criar.

UN VIAJE EXTRAORDINARIO
MARIPOSA MONARCA

Las mariposas parecen frágiles mientras revolotean entre las flores recolectando néctar, pero algunas pueden volar grandes distancias, cruzar continentes e incluso océanos. La mariposa monarca norteamericana ostenta el récord: sucesivas generaciones de este insecto se desplazan de forma gradual en verano hacia el noreste por toda América hasta la frontera con Canadá y la última generación regresa a California y México para pasar allí el invierno. Eso significa que una sola mariposa monarca puede volar 4800 km.

DE UN VISTAZO

- **TAMAÑO** Envergadura de hasta 11 cm
- **HÁBITAT** Bosques templados en invierno; pastizales en verano
- **LOCALIZACIÓN** Viven en Norteamérica y en el norte de Sudamérica; también en Australia y Nueva Zelanda
- **DIETA** Los adultos liban néctar; las orugas comen hojas de algodoncillo

DATOS Y CIFRAS

12
ESPECIES

La mayoría de las mariposas monarca viven un mes, pero las que hibernan viven hasta ocho meses.

PESO

HASTA

DISTANCIA

Cuando vuelan hacia el sur, recorren 80 km cada día.

km 10 20 30 40 50 60 70 80 90

VOLANDO HACIA EL SUR

Hasta 300 millones de mariposas monarca migran cada año.

HUEVOS

Una hembra puede poner hasta 1200 huevos.

CAMPEONA DE SALTO
CHICHARRITA

Esta chicharrita marrón no parece demasiado especial, pero es uno de los mayores atletas de la naturaleza. En relación con su tamaño, puede saltar más alto que ningún otro animal y sobrevive a fuerzas que matarían a un ser humano. Logra esta hazaña con un conjunto especial de músculos que, como una catapulta, almacenan energía. Cuando esta se libera, lanza al insecto por los aires.

La parte frontal de la cabeza contiene fuertes músculos para chupar savia de plantas.

Sus grandes ojos compuestos le permiten detectar cualquier posible peligro.

DE UN VISTAZO

- **TAMAÑO** 6 mm de largo
- **HÁBITAT** Bosques, pastizales y jardines
- **LOCALIZACIÓN** Europa, Asia, Norteamérica y Nueva Zelanda
- **DIETA** Savia vegetal

Chupador de savia

Una chicharrita es un tipo de chinche, es decir, un insecto que se alimenta sorbiendo líquido mediante un conjunto de piezas bucales tubulares. Como muchas otras chinches, bebe la dulce savia de hierbas y otras plantas. Puede correr y volar, pero escapa del peligro saltando.

DATOS Y CIFRAS

UNAS 2500 ESPECIES

Las chicharritas son muy adaptables y se alimentan de plantas de todo el mundo.

DE RÉCORD

Puede dar saltos de 70 cm.

| cm | 20 | 40 | 60 | 80 |

SALTO

Su velocidad de arranque es de 4 m/sec.

| m/s | 2 | 4 | 6 |

LONGEVIDAD ADULTA 3-4 MESES

«Acelera con una fuerza 400 veces mayor que la gravedad».

NIDO DE BURBUJAS

Las chicharritas hembra ponen sus huevos en plantas. Cuando nacen las jóvenes ninfas, se alimentan de savia, como sus padres, pero se ocultan de las aves dentro de un nido de espuma. Lo fabrican insuflando aire en un líquido residual para crear una masa de burbujas.

A la espuma blanca a veces se la llama baba de cuco.

Cuando no las necesita, las alas están plegadas como un tejado.

Las patas tienen la fuerza necesaria para catapultar a la chicharrita sin romperse.

SALTAR

Dos grandes músculos impulsan las patas traseras. Almacenan energía como muelles comprimidos, listos para actuar.

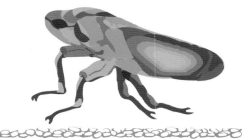

CUENTA ATRÁS

Cuando la chicharrita detecta peligro, se agacha y encaja sus patas traseras en una posición plegada, tensando al mismo tiempo los tremendos músculos que las impulsan.

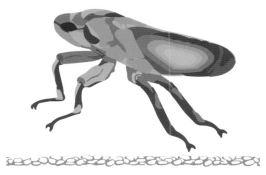

PUESTA EN MARCHA

En un segundo los músculos desarrollan suficiente fuerza para que los encajes de las patas se abran. Las patas se ponen rectas en menos de un milisegundo.

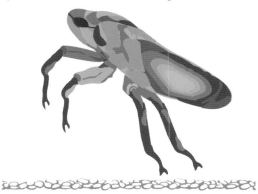

DESPEGUE

El súbito impulso lanza a la chicharrita hacia delante; su aceleración es 80 veces superior a la que experimentan los astronautas que se lanzan al espacio.

PULGA VOLADORA

Las pequeñas pulgas chupadoras de sangre que infestan a gatos y otros animales usan un mecanismo similar para saltar sobre sus víctimas. Grandes músculos en el interior de su cuerpo comprimen unas almohadillas hechas de una sustancia elástica llamada resilina, que almacena la energía necesaria. Cuando se libera, provoca que las patas de la pulga se abran de golpe y la catapulten.

Las largas patas traseras se extienden súbitamente, lanzando a la pulga a más de 30 cm.

PERFECTO CONTROL DE VUELO
MOSCA DE LAS FLORES

La mayoría de los insectos tienen dos pares de alas, pero las moscas tienen solo un par útil. A pesar de ello, muchas moscas son increíblemente ágiles en el aire. Las más diestras son las llamadas moscas de las flores, que pueden volar hacia delante, hacia atrás, hacia los lados o quedarse inmóviles en el aire, todo gracias a un par de órganos especiales de control de vuelo llamados balancines.

Las largas y finas alas tienen la forma ideal para el estilo de vuelo rápido y ágil de esta mosca.

Las franjas negras y amarillas hacen que parezca una avispa.

Control de vuelo

Esta esbelta mosca de las flores, que se alimenta de néctar, está soberbiamente adaptada para volar. Sus pequeñas alas están controladas por un asombroso sistema de navegación que le permite ir exactamente a donde desea en segundos, sin que el viento la aparte de su camino.

A pesar de sus franjas de avispa, no tiene aguijón, no puede morder y es inofensiva.

¿ABEJA O MOSCA?

Muchas moscas de las flores tienen cuerpos parecidos a las abejas y las avispas. A la derecha, una abeja y una mosca de las flores casi idénticas. Debido a este mimetismo, los depredadores se lo piensan antes de atacar por si tuviera un doloroso aguijón, lo que permite que la mosca escape.

Abeja   **Mosca de las flores**

DE UN VISTAZO

- **TAMAÑO** Hasta 18 mm de largo
- **HÁBITAT** Bosques, pastizales y jardines
- **LOCALIZACIÓN** Todo el mundo menos la Antártida
- **DIETA** Los adultos liban néctar; las larvas comen vegetales en descomposición u otros insectos

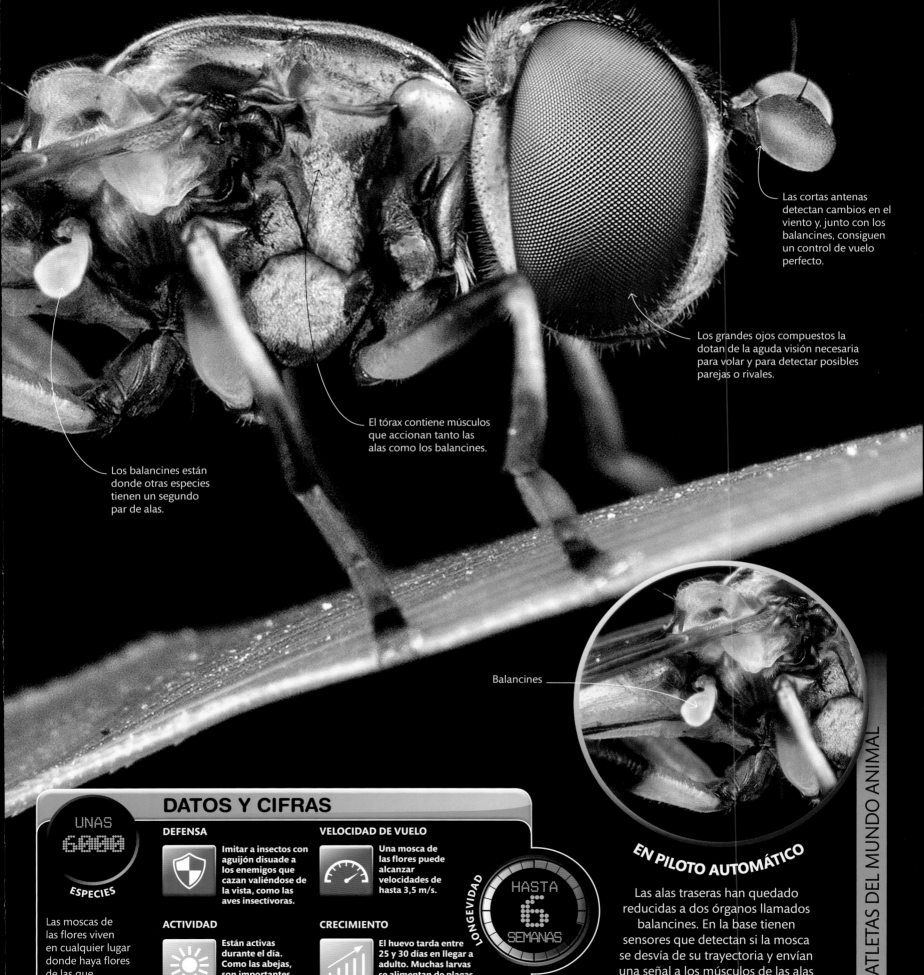

Las cortas antenas detectan cambios en el viento y, junto con los balancines, consiguen un control de vuelo perfecto.

Los grandes ojos compuestos la dotan de la aguda visión necesaria para volar y para detectar posibles parejas o rivales.

El tórax contiene músculos que accionan tanto las alas como los balancines.

Los balancines están donde otras especies tienen un segundo par de alas.

Balancines

DATOS Y CIFRAS

UNAS
6000
ESPECIES

Las moscas de las flores viven en cualquier lugar donde haya flores de las que alimentarse.

DEFENSA
Imitar a insectos con aguijón disuade a los enemigos que cazan valiéndose de la vista, como las aves insectívoras.

ACTIVIDAD
Están activas durante el día. Como las abejas, son importantes polinizadoras.

VELOCIDAD DE VUELO
Una mosca de las flores puede alcanzar velocidades de hasta 3,5 m/s.

CRECIMIENTO
El huevo tarda entre 25 y 30 días en llegar a adulto. Muchas larvas se alimentan de plagas de las cosechas.

LONGEVIDAD
HASTA
6
SEMANAS

EN PILOTO AUTOMÁTICO

Las alas traseras han quedado reducidas a dos órganos llamados balancines. En la base tienen sensores que detectan si la mosca se desvía de su trayectoria y envían una señal a los músculos de las alas para que corrijan el rumbo, como el piloto automático de un avión.

ÁGIL ATACANTE
ARAÑA SALTADORA

Muchas arañas construyen redes para atrapar a sus presas y nunca salen de caza; muchas de ellas son casi ciegas. Pero las diminutas arañas saltadoras son muy diferentes. Detectan insectos con sus enormes ojos, los acechan y saltan sobre ellos como tigres en miniatura.

Las patas traseras proporcionan la fuerza del salto. La araña las extiende inyectando fluido en ellas.

El hilo de seguridad está hecho de seda extrafuerte.

HILO DE SEGURIDAD

Todas las arañas producen seda y la usan para tejer redes, hacer nidos y construir refugios para sus crías. Pero la araña saltadora la usa de otra forma. Igual que un escalador, esta araña solo da saltos arriesgados cuando está sujeta por un hilo de seguridad. Así, si algo sale mal, no cae desde muy alto.

Usa sus poderosas patas frontales para capturar a sus presas.

Salto mortífero

Las arañas saltadoras son ágiles cazadoras con varios tipos de ojos diferentes para detectar y enfocar a sus presas. Cuando la araña divisa una posible merienda, como una mosca, se acerca poco a poco hasta ponerse a su alcance y después salta súbitamente sobre ella y la mata con su mordedura venenosa.

DE UN VISTAZO

- **TAMAÑO** Hasta 22 mm de largo
- **HÁBITAT** Desde bosques hasta matorrales, jardines y zonas montañosas
- **LOCALIZACIÓN** Todo el mundo
- **DIETA** Insectos y otras arañas

EXHIBICIÓN DE DANZA

Las arañas saltadoras tienen muy buena visión y los colores y las formas son muy importantes para ellas, especialmente cuando ejecutan sus exhibiciones de cortejo. La araña pavo real, de Australia, posee dos banderas de vivos colores en su abdomen que iza durante su danza de cortejo. También agita en el aire su tercer par de patas, con extremos blancos. Puede danzar durante más de 30 minutos.

El gran par central de ojos le permiten una visión detallada de su objetivo.

Los dos ojos más pequeños de los lados tienen un ángulo de visión más amplio, que usa para detectar presas en movimiento.

GUERRERA DE LAS REDES

Tan pequeña que casi se pierde en esta moneda, la araña saltadora de flecos es uno de los cazadores más intrépidos. Está especializada en atacar y devorar arañas tejedoras, que a menudo son más grandes que ella y podrían matarla fácilmente. Se acerca sigilosamente a la red, pulsa un hilo para atraer a su presa y después salta sobre ella y la muerde.

Está cubierta de pelos que detectan los movimientos del aire.

DATOS Y CIFRAS

MÁS DE 5000 ESPECIES

Aunque la mayoría de las arañas saltadoras viven en los trópicos, hay una especie que vive en las laderas del monte Everest.

ALCANCE DEL SALTO

Algunas arañas saltadoras pueden saltar hasta 30 veces la longitud de su cuerpo.

DEFENSA

Estas arañas tienen una aguda visión para detectar el peligro y muchas se camuflan.

DE RÉCORD

La araña saltadora del Himalaya es el animal terrestre que vive a mayor altitud.

ACTIVIDAD

Las arañas saltadoras cazan sobre todo durante el día.

LONGEVIDAD 12 MESES

«Para cazar, las arañas saltadoras **aprenden** de la experiencia.»

SUPERVISTA

En relación con el resto de su cuerpo, los ojos de las arañas saltadoras son enormes. Están fijos, pero la estructura interior se mueve para enfocar con precisión a sus presas. Los ojos funcionan como binoculares y detectan cada detalle. También le permiten juzgar las distancias con precisión para saber cuánto debe saltar. Los otros ojos ven menos detalles, pero tienen un campo de visión más amplio.

LARGO ALCANCE

La larga probóscide de la esfinge colibrí le permite alcanzar el fondo de las flores tubulares. Como la mayoría de los insectos no pueden hacer eso, las flores de las que se alimenta suelen contener mucho néctar. Por eso esta esfinge es tan selectiva y pasa rápidamente de una planta de largas flores a la siguiente.

VOLADORA EXPERTA

ESFINGE COLIBRÍ

La mayoría de las polillas están activas de noche, pero algunas vuelan de día. La esfinge colibrí, que va a toda velocidad de flor en flor, liba néctar quedándose inmóvil en el aire y tiene el aspecto y el comportamiento de un diminuto colibrí. Incluso produce el mismo zumbido con las alas. También puede volar muy deprisa, lo que le permite hacer viajes sin escalas y cruzar mares, como cuando migra desde África hasta Europa en verano.

DE UN VISTAZO

- **TAMAÑO** Envergadura de hasta 5 cm
- **HÁBITAT** Bosques, pastizales ricos en flores y jardines
- **LOCALIZACIÓN** Europa, Asia y norte de África
- **DIETA** Los adultos liban néctar; la oruga come hojas de galio y de rubia

DATOS Y CIFRAS

UNAS
118
ESPECIES

Esta es una de las muchas especies, casi todas del sudeste de Asia.

HUEVOS

La hembra pone hasta 200 huevos, cada uno en una planta diferente.

ALETEO

Las esfinges colibrí baten las alas 80 veces por segundo

PROBÓSCIDE

La probóscide de esta polilla, de hasta 2,8 cm, es la más larga de todos los insectos europeos que se alimentan de néctar.

| cm | 1 | 2 | 3 | 4 |

LONGEVIDAD ADULTA

HASTA **4** MESES

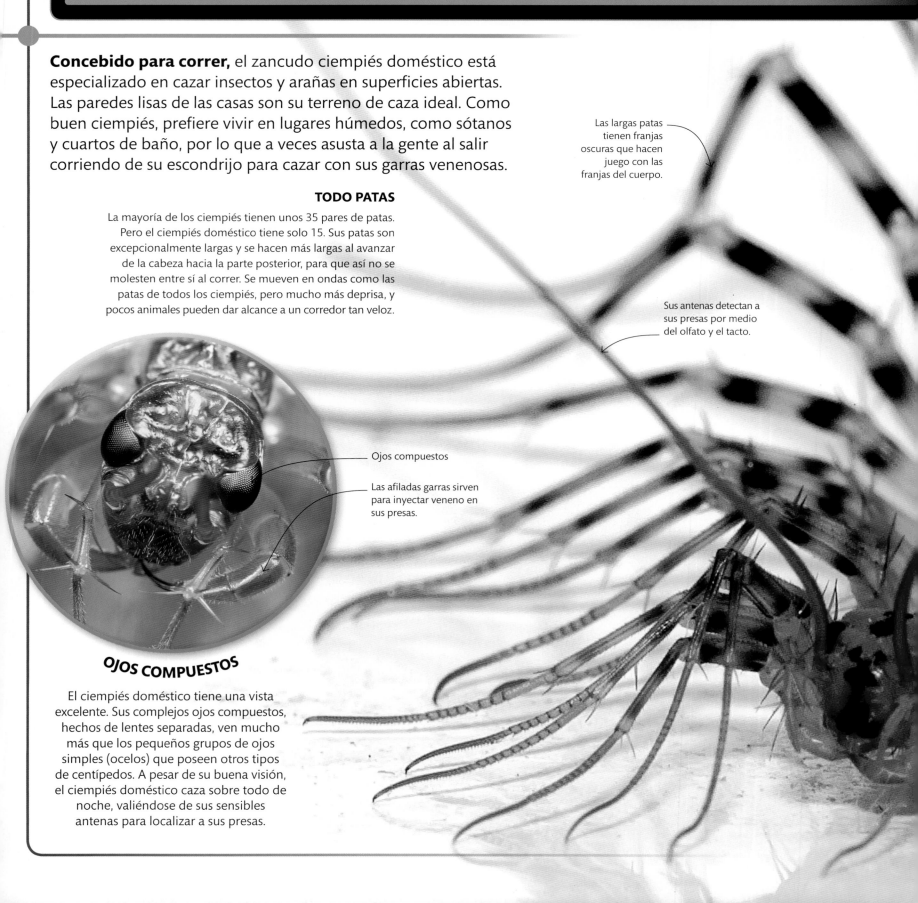

SUPERCORREDOR
CIEMPIÉS DOMÉSTICO

Concebido para correr, el zancudo ciempiés doméstico está especializado en cazar insectos y arañas en superficies abiertas. Las paredes lisas de las casas son su terreno de caza ideal. Como buen ciempiés, prefiere vivir en lugares húmedos, como sótanos y cuartos de baño, por lo que a veces asusta a la gente al salir corriendo de su escondrijo para cazar con sus garras venenosas.

TODO PATAS

La mayoría de los ciempiés tienen unos 35 pares de patas. Pero el ciempiés doméstico tiene solo 15. Sus patas son excepcionalmente largas y se hacen más largas al avanzar de la cabeza hacia la parte posterior, para que así no se molesten entre sí al correr. Se mueven en ondas como las patas de todos los ciempiés, pero mucho más deprisa, y pocos animales pueden dar alcance a un corredor tan veloz.

Las largas patas tienen franjas oscuras que hacen juego con las franjas del cuerpo.

Sus antenas detectan a sus presas por medio del olfato y el tacto.

Ojos compuestos

Las afiladas garras sirven para inyectar veneno en sus presas.

OJOS COMPUESTOS

El ciempiés doméstico tiene una vista excelente. Sus complejos ojos compuestos, hechos de lentes separadas, ven mucho más que los pequeños grupos de ojos simples (ocelos) que poseen otros tipos de centípedos. A pesar de su buena visión, el ciempiés doméstico caza sobre todo de noche, valiéndose de sus sensibles antenas para localizar a sus presas.

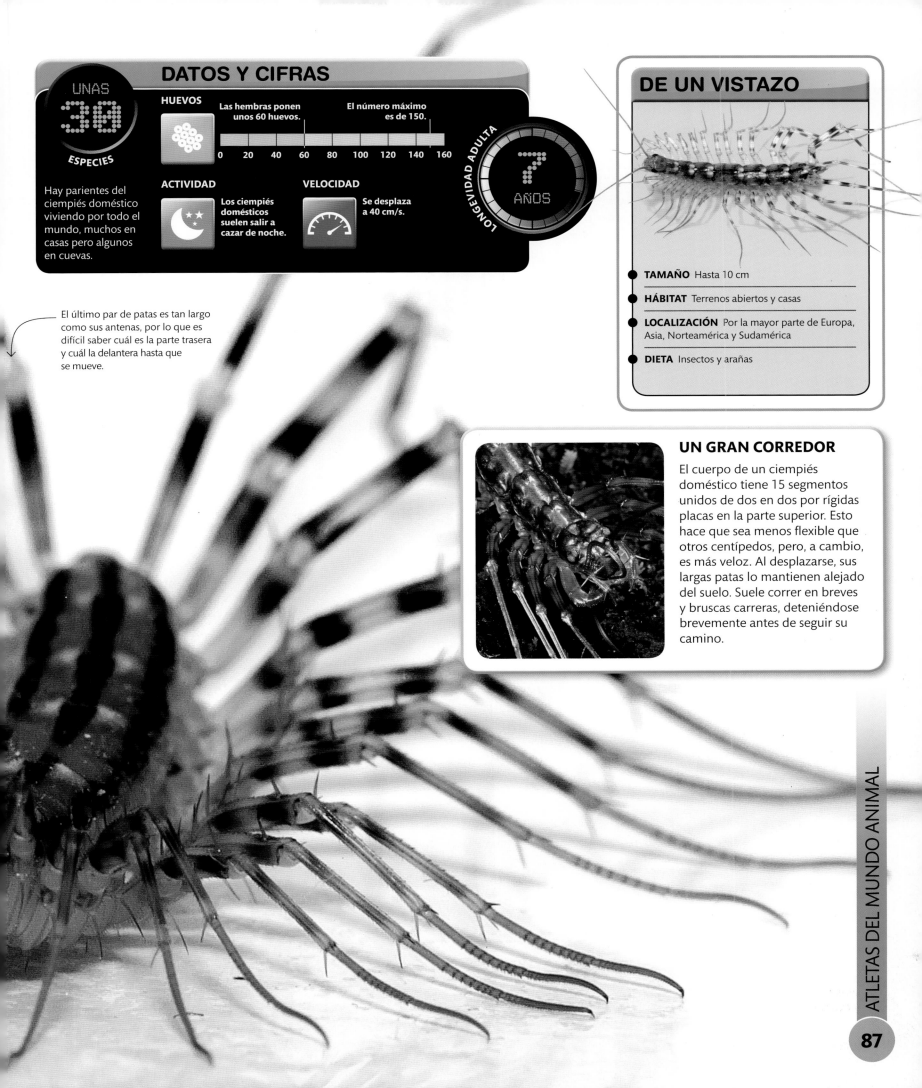

DATOS Y CIFRAS

UNAS 30 ESPECIES

Hay parientes del ciempiés doméstico viviendo por todo el mundo, muchos en casas pero algunos en cuevas.

HUEVOS Las hembras ponen unos 60 huevos. El número máximo es de 150.

0 20 40 60 80 100 120 140 160

ACTIVIDAD Los ciempiés domésticos suelen salir a cazar de noche.

VELOCIDAD Se desplaza a 40 cm/s.

LONGEVIDAD ADULTA 7 AÑOS

El último par de patas es tan largo como sus antenas, por lo que es difícil saber cuál es la parte trasera y cuál la delantera hasta que se mueve.

DE UN VISTAZO

- **TAMAÑO** Hasta 10 cm
- **HÁBITAT** Terrenos abiertos y casas
- **LOCALIZACIÓN** Por la mayor parte de Europa, Asia, Norteamérica y Sudamérica
- **DIETA** Insectos y arañas

UN GRAN CORREDOR

El cuerpo de un ciempiés doméstico tiene 15 segmentos unidos de dos en dos por rígidas placas en la parte superior. Esto hace que sea menos flexible que otros centípedos, pero, a cambio, es más veloz. Al desplazarse, sus largas patas lo mantienen alejado del suelo. Suele correr en breves y bruscas carreras, deteniéndose brevemente antes de seguir su camino.

UN GRAN VELOCISTA

VERDE FULGURANTE

El cuerpo verde iridiscente del escarabajo tigre brilla al sol del verano mientras corre por el terreno abierto en busca de presas. Sus antenas largas y sensibles sirven para detectar y evitar obstáculos.

POR LA VÍA RÁPIDA

ESCARABAJO TIGRE

Los escarabajos tigre están entre los corredores más rápidos del planeta en relación con su tamaño. Estos demonios de la velocidad avanzan por el suelo a 9 km/h, 125 veces su longitud por segundo. En comparación, el guepardo —el animal terrestre más rápido del mundo—, que alcanza 120 km/h, solo cubre 23 veces su longitud por segundo. El escarabajo tigre usa su velocidad para cazar. Corre tan deprisa que su entorno se vuelve borroso, pero tiene tiempo de sobra para detenerse y comprobar que aún va en la dirección adecuada.

DE UN VISTAZO

- **TAMAÑO** 12–15 mm de largo
- **HÁBITAT** Terrenos abiertos con suelo seco arenoso o calcáreo
- **LOCALIZACIÓN** Europa y Asia
- **DIETA** Insectos y arañas

DATOS Y CIFRAS

UNAS
2600
ESPECIES

Hay muchas especies de escarabajo tigre, sobre todo en entornos arenosos.

DE RÉCORD

Una especie de Australia puede cubrir 2,5 m en 1 segundo.

m | 1 | 2 | 3

DEFENSA

Estos escarabajos vuelan deprisa y muerden fuerte.

ACTIVIDAD

Corre y vuela sin problemas y es más activo con el calor del día.

LONGEVIDAD: DESDE LARVA

MANDÍBULAS MORTALES

El escarabajo tigre cuenta con la vista más aguda de todos los escarabajos y usa sus saltones ojos compuestos para detectar víctimas, perseguirlas y capturarlas. Sus mandíbulas, dentadas y fuertes, atraviesan la armadura de sus víctimas y después el escarabajo las baña con jugos digestivos para ablandarlas. Finalmente, llega la hora de devorar la cena.

SUPERVIVIENTE TOTAL

TARDÍGRADO

Esta maravilla en miniatura es uno de los animales más pequeños, pero también uno de los más resistentes. No es mayor que un grano de sal y vive en lugares húmedos y musgosos, donde se alimenta de fluidos vegetales y microbios. Si su hábitat se seca, puede sobrevivir años en un estado de deshidratación que mataría a cualquier otro animal. Increíblemente, cuando recupera humedad, revive y empieza a alimentarse como si no hubiera pasado nada.

PERÍODO DE SEQUÍA

Si el tardígrado se queda sin comida y sin agua, su cuerpo se seca y se encoge en un fardo sin forma llamado tonel. En este estado puede sobrevivir al frío extremo, al calor abrasador y a 1000 veces el nivel letal de radiactividad. Los tardígrados han sobrevivido incluso al ser enviados al espacio.

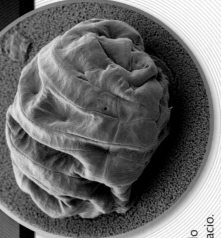

DE UN VISTAZO

TAMAÑO Hasta 1,2 mm de largo

HÁBITAT Musgo húmedo, cieno y plantas acuáticas

LOCALIZACIÓN Todo el mundo

DIETA Algas, células vegetales y microbios

Sus recios pelos sensoriales detectan objetos cercanos y movimientos del aire.

Oso de agua

Los tardígrados tienen ocho patas cortas y un cuerpo rechoncho. Al microscopio parecen osos diminutos mientras rastrean su acuático hábitat en busca de comida, por ello se les llama osos de agua. Se alimenta perforando las paredes de las células vegetales para que liberen los jugos de su interior.

HUEVOS ESTRELLADOS

Los tardígrados se reproducen poniendo huevos. Cada huevo tiene una dura cáscara en forma de estrella. Suelen eclosionar a las dos semanas, pero sobreviven meses.

Su dura cáscara evita que el huevo se seque.

El cuerpo está protegido por piel flexible, parecida a la de una oruga.

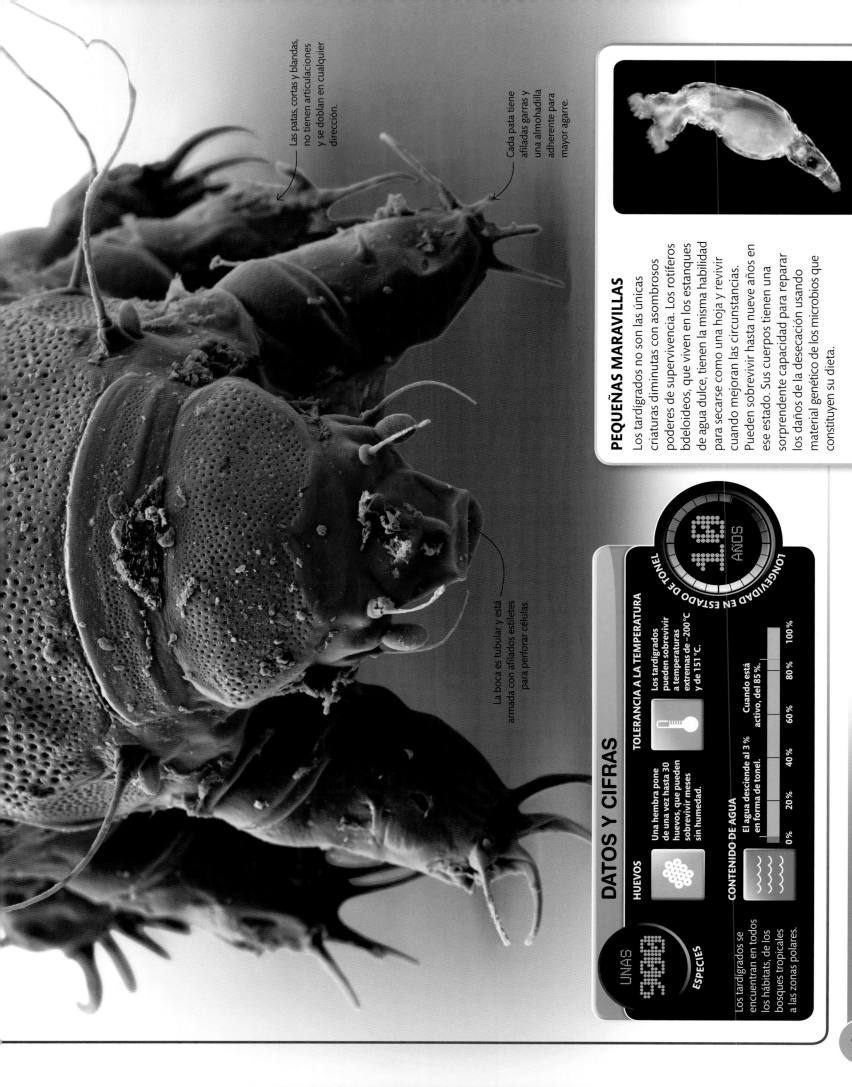

Las patas, cortas y blandas, no tienen articulaciones y se doblan en cualquier dirección.

Cada pata tiene afiladas garras y una almohadilla adherente para mayor agarre.

La boca es tubular y está armada con afilados estiletes para perforar células.

PEQUEÑAS MARAVILLAS

Los tardígrados no son las únicas criaturas diminutas con asombrosos poderes de supervivencia. Los rotíferos bdeloideos, que viven en los estanques de agua dulce, tienen la misma habilidad para secarse como una hoja y revivir cuando mejoran las circunstancias. Pueden sobrevivir hasta nueve años en ese estado. Sus cuerpos tienen una sorprendente capacidad para reparar los daños de la desecación usando material genético de los microbios que constituyen su dieta.

DATOS Y CIFRAS

UNAS

900

ESPECIES

Los tardígrados se encuentran en todos los hábitats, de los bosques tropicales a las zonas polares.

HUEVOS

Una hembra pone de una vez hasta 30 huevos, que pueden sobrevivir meses sin humedad.

TOLERANCIA A LA TEMPERATURA

Los tardígrados pueden sobrevivir a temperaturas extremas de −200°C y de 151°C.

CONTENIDO DE AGUA

El agua desciende al 3 % en forma de tonel.

Cuando está activo, del 85 %.

0 % 20 % 40 % 60 % 80 % 100 %

9

AÑOS

LONGEVIDAD EN ESTADO DE TONEL

CURIOSO AERONAUTA

ABEJORRO

Los peludos abejorros tienen alas sorprendentemente pequeñas: alguien calculó que la superficie de sus alas, en relación con su peso, no era suficiente para volar. Ese cálculo falso estaba basado en el modo en que vuelan las aves, que no es igual al de los insectos. En lugar de batir las alas de arriba abajo, los abejorros las baten de adelante atrás. Esto hace que las alas se doblen y roten, generando remolinos de aire que las elevan. El mecanismo funciona tan bien que las alas del insecto pueden ser mucho más pequeñas en relación con su peso.

DE UN VISTAZO

- **TAMAÑO** Hasta 2 cm de largo
- **HÁBITAT** Bosques, pastizales y jardines
- **LOCALIZACIÓN** Europa, Asia occidental y norte de África
- **DIETA** Los adultos liban néctar; las crías son alimentadas con néctar y polen

DATOS Y CIFRAS

UNAS 250 ESPECIES

Los abejorros están en todo el mundo salvo Australia y en la mayor parte de África.

LONGEVIDAD DEL OBRERO
UNAS 6 SEMANAS

COLONIA

Viven en colonias de entre 50 y 400 individuos. Como las abejas, tienen una reina.

NIDO SUBTERRÁNEO

Suelen anidar en cavidades subterráneas, como nidos de ratón vacíos.

DEFENSA

Los abejorros tienen aguijón, pero no suelen usarlo salvo para defender su nido.

ALETEOS

Un abejorro bate sus alas unas 200 veces por segundo.

«Un solo abejorro obrero puede visitar 200 000 flores a lo largo de su vida.»

EN VUELO

Este abejorro común es un acróbata aéreo, capaz de mantenerse inmóvil en el aire junto a una flor mientras busca néctar. Visita miles de flores a lo largo de su vida y, en ese proceso, transporta el polen que las fertiliza y les permite generar semillas.

DINÁMICO ZAPADOR

El grillo topo tiene dos fuertes patas anteriores en forma de pala. Sus otras patas son más cortas que las de la mayoría de los grillos y su cuerpo es casi cilíndrico, lo que le permite avanzar deprisa por los túneles.

ZAPADOR MUSICAL
GRILLO TOPO

Como un *bulldozer* en miniatura, el grillo topo está perfectamente equipado para la vida bajo tierra. Crea una red de túneles para alimentarse, reproducirse e incluso cantar. En primavera, el macho cava un túnel especial para retransmitir su canción de cortejo a los cuatro vientos. Este túnel, construido con la forma de dos cuernos acampanados, amplifica su áspero canto y lo convierte en una vibración profunda y penetrante que puede atraer a una hembra a 2 km.

DE UN VISTAZO

- **TAMAÑO** Hasta 5 cm de largo
- **HÁBITAT** Pastizales y campos húmedos
- **LOCALIZACIÓN** Europa y Asia occidental
- **DIETA** Raíces, insectos, larvas y lombrices

DATOS Y CIFRAS

UNAS

65

ESPECIES

Los grillos topo viven por todo el mundo en hábitats húmedos y herbosos.

DISTANCIA DE VUELO Algunos vuelan hasta 8 km en la época de apareamiento.

| km | 2 | 4 | 6 | 8 | 10 |

TUNELADO Pueden excavar a una profundidad de 15 a 20 cm.

| cm | 5 | 10 | 15 | 20 | 25 |

LONGEVIDAD ADULTA

2

AÑOS

ARAÑA VELOCISTA
ARAÑA DOMÉSTICA GIGANTE

Para algunas personas, no hay nada más terrorífico que la araña doméstica gigante, que corre a gran velocidad. Los machos tienen una patas muy largas que les permiten correr más deprisa que cualquier otra araña. Merodean en busca de hembras, que normalmente se ocultan en sus telas, en forma de embudo.

Unos músculos expanden y contraen el estómago para que la araña absorba su alimento líquido.

Gran glándula de veneno

Cerebro

Los ocho ojos y otros órganos sensoriales están ligados al cerebro.

COLMILLOS VENENOSOS

Las poderosas mandíbulas están rematadas por afilados colmillos venenosos para matar a sus presas. La araña aplasta a sus víctimas y las baña con saliva digestiva. Esto convierte sus partes blandas en un líquido fácil de sorber.

Grandes nervios conectados al cerebro controlan las patas.

Hay partes del aparato digestivo en los segmentos superiores de las patas.

DATOS Y CIFRAS

UNAS
1200
ESPECIES

Hay arañas de este tipo en todo el mundo. Muchas viven en casas; otras viven en prados y en la maleza.

HUEVOS

La hembra pone entre 60 y 100 huevos, pero solo el 2 % llega a la edad adulta.

TELAS

Tejen telas en las esquinas y esperan a que las presas queden atrapadas.

APAREAMIENTO

Tras aparearse, en ocasiones la hembra se come al macho.

VELOCIDAD

Esta rauda araña se desplaza muy deprisa, a unos 2 km/h.

LONGEVIDAD APROXIMADA

1
AÑO

«Este terror casero es lo más rápido que hay sobre ocho patas.»

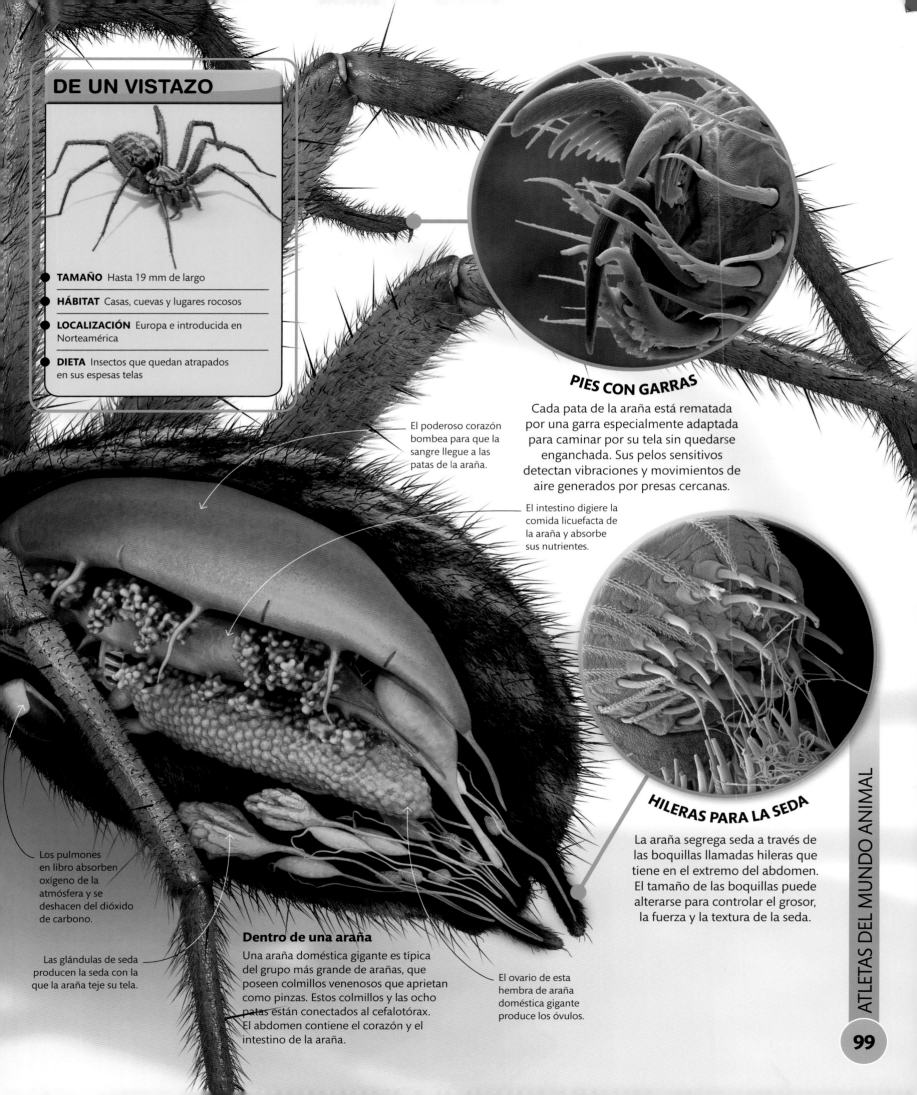

DE UN VISTAZO

- **TAMAÑO** Hasta 19 mm de largo
- **HÁBITAT** Casas, cuevas y lugares rocosos
- **LOCALIZACIÓN** Europa e introducida en Norteamérica
- **DIETA** Insectos que quedan atrapados en sus espesas telas

El poderoso corazón bombea para que la sangre llegue a las patas de la araña.

El intestino digiere la comida licuefacta de la araña y absorbe sus nutrientes.

PIES CON GARRAS

Cada pata de la araña está rematada por una garra especialmente adaptada para caminar por su tela sin quedarse enganchada. Sus pelos sensitivos detectan vibraciones y movimientos de aire generados por presas cercanas.

HILERAS PARA LA SEDA

La araña segrega seda a través de las boquillas llamadas hileras que tiene en el extremo del abdomen. El tamaño de las boquillas puede alterarse para controlar el grosor, la fuerza y la textura de la seda.

Los pulmones en libro absorben oxígeno de la atmósfera y se deshacen del dióxido de carbono.

Las glándulas de seda producen la seda con la que la araña teje su tela.

Dentro de una araña
Una araña doméstica gigante es típica del grupo más grande de arañas, que poseen colmillos venenosos que aprietan como pinzas. Estos colmillos y las ocho patas están conectados al cefalotórax. El abdomen contiene el corazón y el intestino de la araña.

El ovario de esta hembra de araña doméstica gigante produce los óvulos.

MADRIGUERA DE SEDA

La araña doméstica gigante es una de las muchas arañas que viven en telas en forma de embudo tejidas con seda. La parte estrecha del embudo da a una amplia tela plana que sirve como trampa para sus presas. Si un insecto cae en la red, hace vibrar la seda, lo que alerta a la araña, que sale disparada para capturar a su víctima, envolverla en seda e infligirle una mordedura letal.

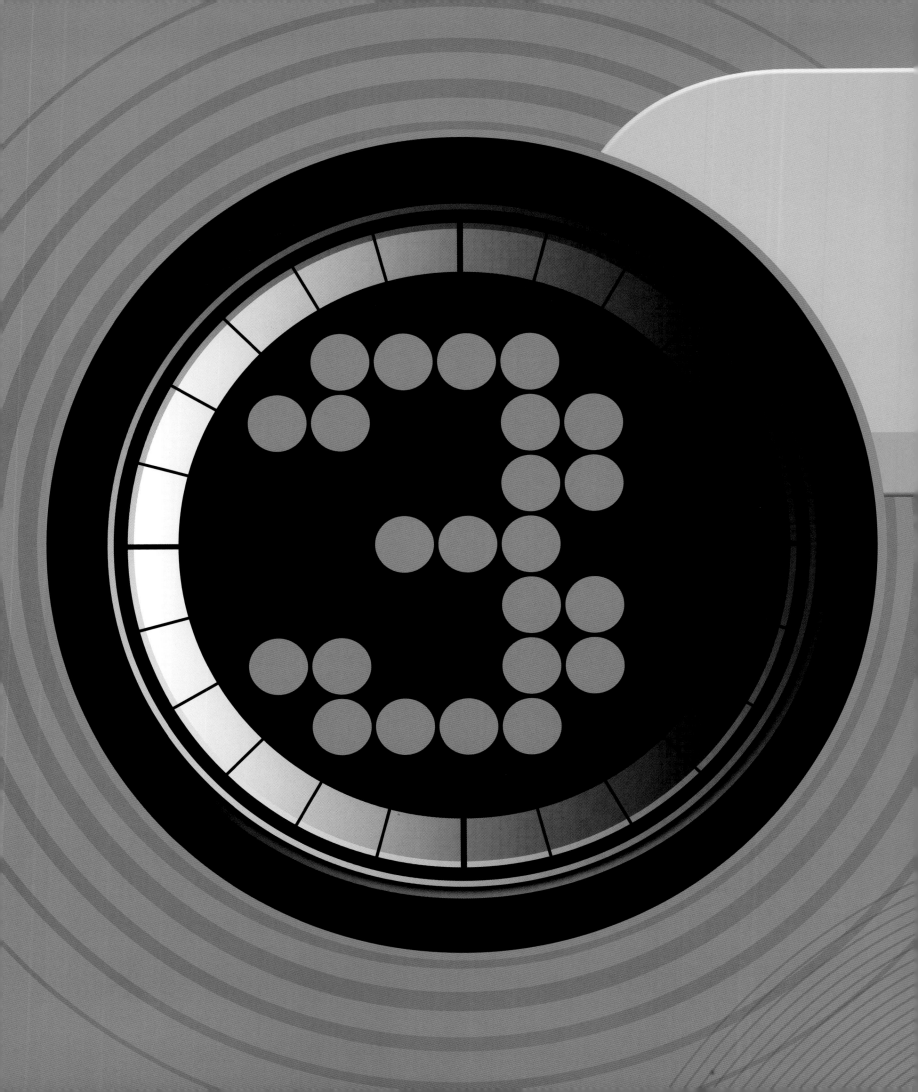

TEMIBLES CAZADORES

La maleza está poblada por algunos de los cazadores más especializados del planeta. Arañas, escorpiones y chinches asesinas están equipados con armas letales para capturar y matar a sus presas. Otros cazadores prefieren comerse a sus víctimas vivas.

PRESA PERFECTA

ARAÑA LANZADORA DE TELA

Muchas arañas usan seda para tender trampas, pero pocas son tan ingeniosas como la araña lanzadora de tela. Igual que un búho en miniatura, tiene dos grandes ojos para ver a sus presas por la noche. Se mantiene colgada cerca del suelo mientras sus cuatro patas delanteras sujetan una pequeña red de seda muy elástica. Cuando se acerca un insecto, ella observa, espera y, de pronto, tensa la red. En cuanto el insecto la toca, la araña deja que la seda elástica se distienda de nuevo y atrapa a su víctima. En menos de un segundo, todo ha terminado.

DE UN VISTAZO

- **TAMAÑO** Hasta 2,5 cm de largo
- **HÁBITAT** Bosques, chaparrales y jardines
- **LOCALIZACIÓN** Australia
- **DIETA** Insectos terrestres y arañas

DATOS Y CIFRAS

UNAS
48
ESPECIES

Las arañas lanzadoras de tela viven en regiones tropicales y subtropicales.

VIDA DE LA HEMBRA
1
AÑO

OJOS

A estas arañas se las llama también arañas cara de ogro debido a sus enormes ojos.

VISIÓN

Los ojos tienen células receptoras 200 veces más sensibles que las de las arañas diurnas.

DEFENSAS

Su cuerpo, parecido a una ramita, le permite confundirse con su entorno.

HUEVOS

Cualquier araña hembra pone entre 100 y 200 huevos a lo largo de toda su vida.

TENSIÓN MÁXIMA

La trampa de la araña lanzadora
de tela puede estirarse hasta diez
veces su tamaño normal. Cuando
la presa se queda enredada en su
seda parecida a lana, ya no hay
opción de escapar a la mordedura
paralizante de la araña.

LANZADOR DE BABAS
GUSANO ATERCIOPELADO

Los insectos, las arañas y otros artrópodos de esqueleto externo duro evolucionaron a partir de un antiguo grupo de animales de cuerpo blando y patas flexibles. Algunos de ellos aún viven en los bosques húmedos y cálidos: los gusanos aterciopelados. Parecidos a ciempiés de cuerpo blando, estos cazadores nocturnos vagan en busca de insectos y lombrices a los que atrapar con trampas hechas de baba pegajosa.

Las antenas son sus
órganos sensoriales
principales.

Lombriz con patas

Los diminutos bultos que cubren la piel de esta criatura de múltiples patas le dan su aspecto de terciopelo. Como todos los gusanos aterciopelados, esta especie tiene muchos pares de patas cortas y rechonchas y dos antenas carnosas. Las papilas a cada lado de su cabeza disparan su arma secreta: chorros de baba.

Las papilas lanzadoras
están conectadas con
grandes glándulas
productoras de baba.

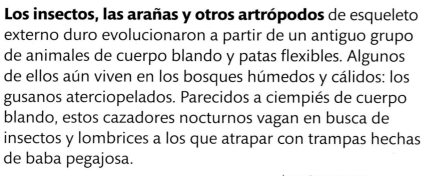

RONDADOR NOCTURNO

El gusano aterciopelado detecta a sus presas con sus antenas y se acerca con sigilo a ellas en la oscuridad. Si le gusta lo que percibe, dispara dos chorros de baba para atrapar a la víctima: avanza hacia ella y la mata con su mordedura tóxica.

Su rugosa piel es
como la piel flexible
de una oruga y no
tiene partes duras.

«Estos gusanos existen desde hace 570 millones de años.»

UN BUEN AGARRE

Las patas del gusano aterciopelado son suaves y flexibles. Puede doblarlas en cualquier dirección por medio de pequeños músculos, pero también puede moverlas por pares. Cada pata está rematada por dos afiladas garras retráctiles que le permiten tener un buen agarre en superficies accidentadas.

DE UN VISTAZO

- **TAMAÑO** Hasta 28 cm de largo
- **HÁBITAT** Lugares húmedos, sobre todo bosques
- **LOCALIZACIÓN** América Central y del Sur, sudeste asiático, Australia y Nueva Zelanda
- **DIETA** Lombrices de tierra, insectos y arañas

Las garras están hechas de quitina, como un exoesqueleto de insecto.

DATOS Y CIFRAS

UNAS
1.88
ESPECIES

Muchos gusanos aterciopelados viven en las selvas tropicales, pero otros viven en lugares menos cálidos del hemisferio sur.

NÚMERO DE PATAS El número de patas varía entre 13 y 23 pares.

0   10   20   30

NÚMERO DE CRÍAS Hasta 30 al año: unos son vivíparos; otros ponen huevos.

0   10   20   30   40

LONGEVIDAD HASTA **7** AÑOS

EMBOSCADA PERFECTA
Este asílido ha capturado una libélula rayadora blanca, otro formidable depredador. El asílido le clava el aguijón a la víctima en el punto débil de su exoesqueleto y le inyecta un veneno disolvente.

INSECTO ASESINO
ASÍLIDO

La mayoría de las moscas son insectos pequeños que se alimentan de comidas dulces como néctar de flores. Pero los asílidos, o moscas asesinas, son agresivos cazadores que atacan a otros insectos atrapándolos en pleno vuelo tras detectarlos con sus grandes ojos compuestos. Esta mosca infernal sujeta a su víctima con sus fuertes patas peludas y le clava su afilado aguijón, inyectándole una saliva paralizante cuyas enzimas digestivas disuelven los tejidos blandos de la víctima para que la mosca los sorba como si fuera una sopa.

DE UN VISTAZO

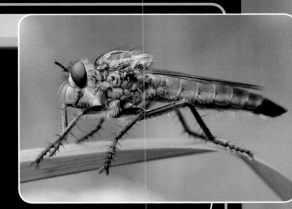

- **TAMAÑO** Hasta 5 cm de largo
- **HÁBITAT** Prefiere los lugares abiertos y cálidos, incluso áridos
- **LOCALIZACIÓN** Todo el mundo
- **DIETA** Otros insectos

DATOS Y CIFRAS

UNAS 7000 ESPECIES

Los asílidos están activos de día. De noche descansan cerca de su fuente de alimento.

TAMAÑO DE LA PRESA — Mata insectos de hasta 7,5 cm.

| cm | 2 | 4 | 6 | 8 |

ALIMENTACIÓN — Tarda unos 30 min en devorar a una víctima.

| min | 10 | 20 | 30 | 40 | 50 |

LONGEVIDAD ADULTA
HASTA **3** MESES

PEGAJOSA TRAMPA ESPIRAL
ARAÑA ORBITELAR

Todas las arañas se alimentan de otras criaturas, pero muchas no cazan, sino que elaboran trampas de seda y esperan a que insectos y otras presas queden enredados en ellas. Las trampas más espectaculares son las telas de las arañas de jardín y de las arañas tigre: asombrosas espirales de pegajosa seda sobre hilos radiales pegados a los arbustos. La araña camina por su tela sin problemas, pero los insectos quedan atrapados y sus forcejeos alertan a la araña, que acude veloz a envolver a su víctima en seda y administrarle una mordedura mortal.

DE UN VISTAZO

- **TAMAÑO** Hasta 17 mm de largo
- **HÁBITAT** Prados y laderas herbosas
- **LOCALIZACIÓN** Europa, Asia y norte de África
- **DIETA** Insectos como saltamontes, moscas y mariposas

DATOS Y CIFRAS

UNAS
3000
ESPECIES

Las arañas orbitelares son la tercera familia más amplia de arañas.

VIDA DE LA HEMBRA
APROX.

DE RÉCORD

Las redes más grandes son las de la araña de seda de oro, con 6 m de alto y 2 m de ancho.

FUERZA

En relación con su peso, su seda es cinco veces más fuerte que el acero.

TIEMPOS

Construir una tela le lleva unos 60 minutos y deberá repararla entre dos y tres veces al día.

CRÍAS

Las crías se dispersan flotando en seda para tejer sus propias telas.

COMIDA EMPAQUETADA

Las vistosas arañas tigre, negras y amarillas, tejen sus telas en la hierba alta para capturar saltamontes y grillos. La araña de la imagen está envolviendo

CINTAS DE SEDA

Las telas de las arañas tigre y de otras especies parecidas tienen unas cintas en zigzag de deslumbrante seda blanca. Los científicos no están seguros de para qué sirven. Una posibilidad es que estos zigzags (llamados estabilimentos) hagan que la tela sea visible para los pájaros, de forma que estos no vuelen a través de ella y la destruyan. Otra teoría es que ocultan a la araña de sus depredadores.

113

ASESINO CAMUFLADO

MANTIS ORQUÍDEA

Las espectaculares orquídeas que florecen en las selvas tropicales de Asia esconden secretos letales. Oculta entre las flores puede haber una mantis orquídea. Su bello exoesqueleto es rosa y blanco y unas placas en forma de pétalos camuflan sus patas. Esta mantis se queda inmóvil y espera para atrapar a una presa en busca de néctar. Cuando la víctima se posa a la distancia adecuada, la mantis la agarra con sus espinosas patas delanteras y se la come viva.

Trampa mortal

La mantis orquídea está emparentada con la mantis religiosa y posee las mismas poderosas patas frontales, las cuales están cubiertas de espinas y funcionan como una trampa automática. En una fracción de segundo, la mantis puede proyectarlas y cerrarlas alrededor de su víctima antes de que esta tenga posibilidad de escapar.

DATOS Y CIFRAS

ESPECIES

UNAS **2300**

La mantis orquídea forma parte de un gran grupo de insectos depredadores que vive en todas las regiones cálidas del mundo.

HUEVOS

Las hembras ponen hasta 400 huevos en una funda protectora.

VISIÓN

La mantis tiene la capacidad de girar la cabeza 300°.

VELOCIDAD DE ATAQUE

La velocidad del ataque es de 100 milisegundos.

DEFENSA

Algunas mantis usan posturas de defensa para asustar a sus enemigos.

LONGEVIDAD ADULTA

1 AÑO

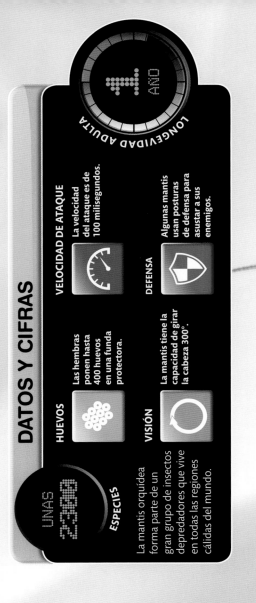

Los grandes ojos compuestos poseen una aguda visión para detectar a sus presas.

La mantis mantiene sus patas delanteras plegadas pero listas para la acción.

«La mantis se come primero la cabeza de su presa.»

DE UN VISTAZO

- **TAMAÑO** La hembra, hasta 7 cm de largo; el macho, hasta 2,5 cm
- **HÁBITAT** Selvas tropicales
- **LOCALIZACIÓN** Sudeste asiático
- **DIETA** Sobre todo insectos que se alimentan de néctar, pero también pequeños roedores, pájaros y lagartos

Las anchas placas en las patas del insecto imitan los pétalos de una orquídea.

La mantis usa las garras de sus cuatro patas traseras para sujetarse con firmeza.

La mantis macho es mucho más pequeña que la hembra.

UN ASUNTO PELIGROSO

El macho de la mantis orquídea mide menos de la mitad que la hembra y se lo podría confundir con un insecto completamente diferente. De hecho, la hembra suele cometer ese error y comérselo, por lo que un macho en busca de pareja debe acercarse con extrema precaución... y salir corriendo en cuanto termina el apareamiento.

DESFILE DE MANTIS

Mantis fantasma

La apariencia de hoja muerta y arrugada de esta pequeña mantis africana la ayuda a esconderse entre las hojas muertas. Ni depredadores ni presas la ven hasta que es demasiado tarde.

Mantis marrón

Las mantis son depredadores feroces pero también tienen enemigos. Esta usa su postura defensiva para parecer más peligrosa de lo que es en realidad, sorprendiendo así a sus atacantes.

Mantis hoja muerta

La mantis hoja muerta, de Asia, es casi invisible gracias a su excelente camuflaje. Pero cuando se siente amenazada, adopta esta dramática postura defensiva.

Diablillo de las flores

Una de las mantis más grandes es esta especie del este de África, que acecha en las flores lista para atacar. Su camuflaje hace que parezca pétalos de flores marchitos.

SINIESTRO DEPREDADOR
CHINCHE ASESINA DE ABEJAS

La chinche asesina de abejas hace honor a su nombre. Posada en una flor, espera a que aparezca una abeja en busca de néctar y polen. La abeja raramente percibe a su enemigo agazapado hasta que las poderosas patas delanteras de la chinche la han atrapado. Después, esta busca un punto débil en la armadura de la abeja y usa su aguijón curvo y hueco para inyectarle una dosis letal de saliva disolvente. El fluido digiere los tejidos blandos del interior y los convierte en una masa carnosa lista para que la chinche la sorba como si fuera una sopa.

DE UN VISTAZO

- **TAMAÑO** Hasta 3 cm de largo
- **HÁBITAT** Zonas secas con flores
- **LOCALIZACIÓN** Desde el norte de Estados Unidos hasta Argentina
- **DIETA** Abejas y otros insectos que se alimentan de néctar

DATOS Y CIFRAS

UNAS
118
ESPECIES

Hay chinches asesinas en todo el mundo, pero las de abejas viven solo en América.

LONGEVIDAD
3
MESES

ALIMENTACIÓN Tarda unos 60 min en vaciar (comerse) a su presa.

10 20 30 40 50 60 70
min

ACTIVA Son depredadoras diurnas de lentos movimientos, pero son unas buenas voladoras.

ARMAS Agarra a sus presas con sus pegajosas patas delanteras y saliva venenosa.

EMBOSCADA MORTAL

ENCUENTRO FATAL

Esta abeja manchada de polen, paralizada por la inyección de la chinche asesina, pronto estará vacía y seca. Cuando la chinche termine de comer, se deshará de la carcasa vacía y se preparará para la siguiente víctima.

¡EMBOSCADA!
Esta araña de trampilla
norteamericana se prepara
para clavarle sus colmillos
venenosos a su presa. Con
sus patas traseras ancladas
en la madriguera, arrastra a
su víctima a su escondrijo.

AMENAZA SUBTERRÁNEA
ARAÑA DE TRAMPILLA

Esta robusta araña usa una ingeniosa trampa para atrapar presas. Vive en una madriguera forrada de seda con una trampilla articulada de tierra y seda. La tierra hace que sea invisible cuando está cerrada durante el día, protegiendo así a la araña de los depredadores. Cuando cae la noche, la araña la levanta un poco y espera, lista para la acción con sus dos patas delanteras fuera. Algunas arañas de trampilla instalan incluso hilos trampa en torno a sus madrigueras. Cualquier pequeño animal que tropiece con ellos tendrá suerte si escapa con vida.

DE UN VISTAZO

- **TAMAÑO** Hasta 2,5 cm de largo
- **HÁBITAT** Principalmente terrenos abiertos, a veces taludes
- **LOCALIZACIÓN** Sur de Norteamérica
- **DIETA** Insectos, otras arañas, ranas, pequeños lagartos y ratones

DATOS Y CIFRAS

UNAS
128
ESPECIES

Las arañas de trampilla viven en regiones cálidas. La mayoría permanece siempre en la misma madriguera.

LONGEVIDAD

UNOS

TÚNEL
La madriguera puede tener hasta 30 cm de profundidad.

cm   10   20   30

VELOCIDAD
Una araña de trampilla tarda 0,3 s en atacar a su presa.

CRÍAS
Cada cría cava su propia madriguera. A medida que crece, la va haciendo más grande.

INVASORES LETALES

AVISPA ICNEUMÓNIDA

La avispa icneumónida, que se alimenta de néctar, parece frágil e inofensiva, pero sus crías son mortíferas. Cuando una hembra va a poner un huevo, localiza la larva perforadora de madera de otro insecto usando sus sensitivas antenas para detectarla en lo profundo de un árbol muerto. Con su largo ovipositor, perfora la madera hasta llegar a la larva, en la que deposita su huevo. Al eclosionar, la larva de la avispa se come vivo a su huésped lentamente. Para cuando la larva huésped muere, el asesino está preparado para dejar el jardín de infancia.

DE UN VISTAZO

- **TAMAÑO** Hasta 5 cm de largo, más un larguísimo ovipositor
- **HÁBITAT** Principalmente bosques
- **LOCALIZACIÓN** Todo el mundo
- **DIETA** El adulto se alimenta de néctar o de savia vegetal; la larva come larvas de otros insectos

DATOS Y CIFRAS

UNAS 24 000 ESPECIES

Las avispas icneumónidas forman una gran familia y viven en todo el mundo.

LONGEVIDAD ADULTA 1 MES

DE RÉCORD

| 1 | cm | 5 | 10 | 15 | 20 |

La avispa icneumónida gigante (*Megarhyssa atrata*) tiene el ovipositor más largo, cuatro veces la longitud de su cuerpo.

HUEVOS

Pone hasta 20 huevos, cada uno en una larva diferente.

PERFORACIÓN

Algunas hembras tardan una hora en perforar la madera y alcanzar la larva.

ABRAZO LETAL

ARAÑA CANGREJO

Para los insectos que se alimentan de néctar, como abejas y moscas de las flores, cada visita a una flor puede ser la última, ya que acechando entre los pétalos puede haber un asesino: una araña cangrejo de las flores. Este diminuto cazador, muy bien camuflado, espera con sus patas anteriores preparadas para atraparlo y clavarle sus colmillos venenosos. En una flor amarilla, es casi invisible para su presa y si se traslada a una flor blanca, cambia lentamente de color para camuflarse. Se queda tan inmóvil que siempre toma por sorpresa a sus víctimas.

DE UN VISTAZO

- **TAMAÑO** Hasta 1 cm de largo
- **HÁBITAT** Principalmente flores blancas o amarillas
- **LOCALIZACIÓN** Europa y Norteamérica
- **DIETA** Sobre todo insectos que se alimentan de néctar

DATOS Y CIFRAS

UNAS

42

ESPECIES

Las arañas cangrejo de las flores se encuentran por todo el mundo.

TAMAÑO DE LA PRESA

Captura presas de hasta 2 cm de tamaño, como, por ejemplo, abejas.

DEFENSA

Usa camuflaje; también se oculta bajo las flores, colgando de un hilo.

CAMBIO DE COLOR

Tarda entre 10 y 25 días en volverse amarilla y unos seis días en volverse blanca.

HUEVOS

Una hembra produce una sola camada de huevos durante su vida.

LONGEVIDAD

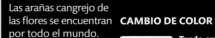

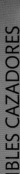

ALMUERZO LÍQUIDO
Esta mosca de las flores, con los colmillos de la araña clavados en la cabeza, murió segundos después de ser capturada. La araña le inyecta un veneno que licúa su blando interior y después cena sopa.

TEMERARIO CAZADOR

VÍCTIMA INDEFENSA

Esta tarántula, paralizada por el veneno de la avispa, no puede hacer nada para evitar ser arrastrada hasta la madriguera-criadero del insecto. La avispa pone un solo huevo en el cuerpo inmóvil de la araña, tapa el agujero y se va volando a buscar otra víctima.

CAZADORA DE TARÁNTULAS
AVISPA CAZA TARÁNTULAS

No muchos insectos se atreven con una tarántula, pero esta avispa gigante las busca. Como otras avispas, pone sus huevos en los cuerpos paralizados de otros animales. En este caso, arañas grandes y peludas. La larva, al nacer, se come vivas a sus víctimas. Pero primero la avispa hembra debe sacar a una tarántula de su madriguera. La araña tiene grandes colmillos pero, cuando se prepara para atacar, la avispa curva su abdomen y le clava el aguijón en el vientre. En segundos, la araña está indefensa y la avispa toma posesión de su trofeo.

DE UN VISTAZO

- **TAMAÑO** Hasta 7 cm de largo
- **HÁBITAT** Principalmente desiertos y pastizales secos
- **LOCALIZACIÓN** Sudamérica y sur de Estados Unidos
- **DIETA** Los adultos liban néctar; la larva devora una araña paralizada

DATOS Y CIFRAS

UNAS
18
ESPECIES

Hay avispas cazadoras de arañas en todo el mundo; la caza tarántulas solo vive en América.

LONGEVIDAD ADULTA
24
MESES

TAMAÑO DE LA PRESA

Hasta 10 cm

cm 5 10 15

DEFENSA

Los vivos colores de la avispa advierten sobre su poderoso aguijón.

CRECIMIENTO DE LA LARVA

Las larvas se alimentan de la araña 37 días antes de pupar todo el invierno.

VISIÓN PANORÁMICA
LIBÉLULA EMPERADOR

Grande, rápida y de vivos colores, la libélula emperador es uno de los insectos voladores más espectaculares. Pertenece a la familia de los ésnidos, que patrullan por el aire en busca de presas voladoras. Puede desplazarse hacia delante, quedarse inmóvil e incluso volar hacia atrás o hacia un lado para capturar presas con sus patas especialmente adaptadas. A menudo come en vuelo, triturando a su víctima con sus poderosas mandíbulas serradas.

DE UN VISTAZO

- **TAMAÑO** Unos 7,8 cm de largo
- **HÁBITAT** Cerca de estanques, lagos, ríos y humedales
- **LOCALIZACIÓN** Extendida por Europa, Asia occidental y norte de África
- **DIETA** Los adultos comen insectos voladores; la larva se alimenta de animales acuáticos

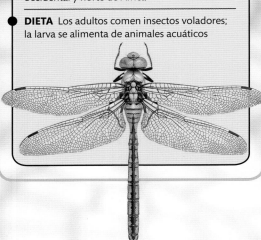

Supervisión

Una libélula caza valiéndose de sus enormes ojos compuestos. Cada uno está formado por al menos 30 000 diminutas lentes, cinco veces más que los de una mosca doméstica. Esto dota a la libélula de la aguda visión necesaria para detectar a sus presas y enfocarlas con letal precisión.

Los enormes ojos cubren casi toda la cabeza de la libélula, dotándola de un amplio campo de visión para detectar presas.

DATOS Y CIFRAS

UNAS
3000
ESPECIES

Existen libélulas en todo el mundo. Aparte de los grandes ésnidos, otras son más pequeñas y cazan desde tierra.

LARVA

Las larvas viven bajo el agua dos años, cazando insectos, renacuajos e incluso peces pequeños.

VISIÓN COLOREADA

Puede que una libélula sea capaz de ver más colores que un ser humano.

OBJETIVO ENCONTRADO

Las libélulas son los cazadores más eficientes: cazan más del 95 % de lo que comen.

VELOCIDAD
Las libélulas más grandes pueden volar a una velocidad de casi 54 km/h.

LONGEVIDAD ADULTA

HASTA
8
SEMANAS

Una libélula confía más en su visión que en su tacto o su olfato, por eso sus antenas son cortas.

OJO COMPUESTO

Los ojos de los insectos adultos están formados por miles de unidades cónicas. Cada una tiene su propia lente, que proyecta luz sobre un grupo de células sensitivas. Estas solo pueden detectar un punto de color, pero todos los puntos se suman para crear una imagen completa.

Las lentes enfocan la luz

Células retinales sensibles a la luz

Células de pigmento dividen una unidad de otra

Las unidades cónicas del ojo de la libélula están muy juntas, como celdillas de un panal.

«Los insectos no tienen párpados y se limpian los ojos con las patas.»

UNIR LOS PUNTOS

La imagen creada por el ojo compuesto de un insecto está hecha de miles de puntos de color, como la imagen formada por los píxeles de una cámara digital. Cuantos más puntos haya, mejor, y como una libélula tiene más lentes que ningún otro insecto, posee la mejor visión (aunque nunca sabremos exactamente qué ve).

Usa sus peludas patas para atrapar a sus presas y para posarse.

ACRÓBATA AÉREO

Los dos pares de largas alas de una libélula no están unidos entre sí como las de otros insectos. Puede moverlas con independencia, lo que le da un asombroso control de vuelo. Ella lo aprovecha al máximo realizando sobrecogedoras acrobacias mientras persigue a sus presas voladoras. Este feroz depredador es tan ágil que pocos insectos pueden escapar de él, lo que lo convierte en uno de los mejores cazadores del mundo.

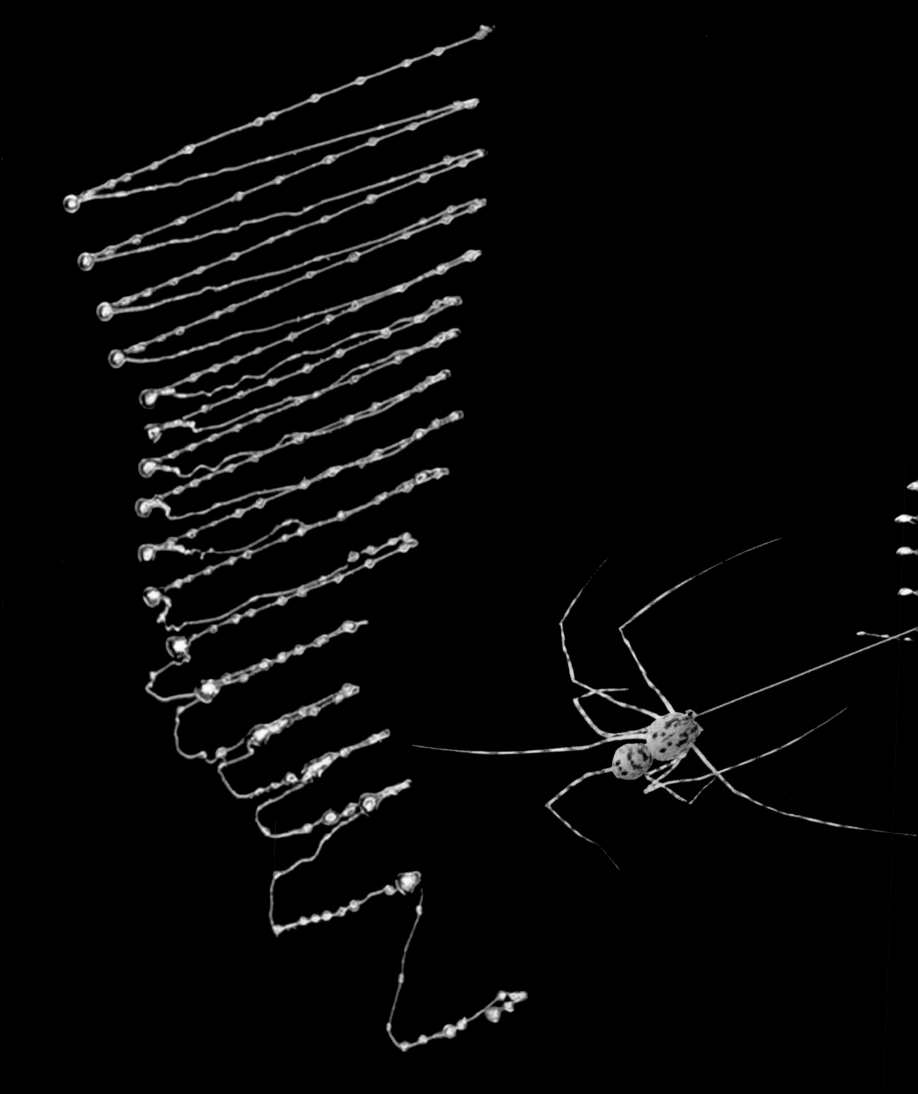

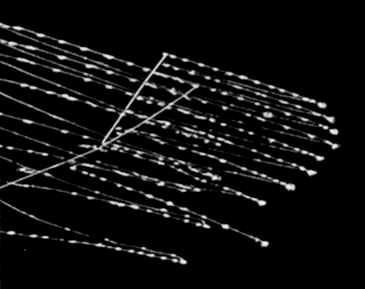

TRAMPA VENENOSA
ARAÑA ESCUPIDORA

Esta araña parece demasiado pequeña para ser una amenaza para nadie excepto para moscas diminutas, pero tiene un arma secreta. Su abultada cabeza contiene dos grandes glándulas que producen veneno mezclado con una sustancia pegajosa, como seda líquida. Cuando la araña tiene su presa a la vista, escupe dicha sustancia por sus colmillos haciéndolos oscilar rápidamente para crear dos hilos zigzagueantes de pegamento venenoso. En una fracción de segundo, su objetivo está atrapado y la araña puede suministrar una última y letal picadura.

DE UN VISTAZO

- **TAMAÑO** Hasta 6 mm de largo
- **HÁBITAT** Bosques y, en climas más fríos, a menudo en casas
- **LOCALIZACIÓN** Todo el mundo
- **DIETA** Insectos y arañas

DATOS Y CIFRAS

UNAS 158 ESPECIES

La araña teje su trampa tóxica en 1/700 de segundo.

LONGEVIDAD

HASTA 3 AÑOS

ACTIVA

Caza de noche; detecta a sus presas por los movimientos del aire.

VELOCIDAD

El letal veneno de la araña alcanza una velocidad de 28 m/s.

VISIÓN

La mayoría de las arañas tienen ocho ojos, pero la escupidora tiene solo seis.

HUEVOS

La araña hembra pone hasta 100 huevos en capullos de entre 20 y 35 cada uno.

TEMIBLES CAZADORES

VORAZ DEPREDADOR
ESCARABAJO BUCEADOR

Maravillosamente adaptado para nadar bajo el agua, el escarabajo buceador es un fiero cazador que se alimenta de distintas criaturas acuáticas. Usa sus largas y peludas patas posteriores como remos para impulsar su cuerpo hidrodinámico por el agua. En una burbuja bajo los élitros transporta una vital reserva de aire.

Vuelo nocturno

Aunque estos escarabajos pasan la mayor parte de su vida bajo el agua, vuelan perfectamente. Suelen hacerlo de noche, guiándose por la luz de la luna reflejada en el agua para encontrar un nuevo estanque. ¡Aunque a veces aterrizan por accidente en el reluciente capó de un coche!

TOMANDO AIRE

Como todos los insectos adultos, el escarabajo buceador necesita respirar, por lo que lleva su propia reserva de aire allí donde va. El escarabajo se reaprovisiona saliendo a la superficie, elevando su extremo posterior sobre el agua y aspirando aire. Esta reserva de aire dura varios minutos.

Las largas antenas detectan movimiento y el olor de las presas en el agua.

Al igual que su exoesqueleto, sus mandíbulas están hechas de dura quitina.

Los palpos, parecidos a patas, sirven para palpar y probar la comida antes de devorarla.

Los grandes ojos compuestos permiten al escarabajo ver con claridad bajo el agua.

Duras espinas ayudan al escarabajo a sujetar con fir a sus resbaladizas presas.

DATOS Y CIFRAS

UNAS
26
ESPECIES

Escarabajos acuáticos emparentados viven en ríos y estanques de Europa, Asia, norte de África y Centroamérica.

LONGEVIDAD DE LA LARVA
Las larvas mudan tres veces en su desarrollo de entre 35 y 40 días.

0	10	20	30	40	50

MORDEDURA

Las mandíbulas son lo bastante fuertes como para masticar cualquier presa.

ALIMENTACIÓN

Las larvas tardan más o menos una hora en chupar a sus víctimas hasta dejarlas secas.

LONGEVIDAD ADULTA
3
AÑOS

Las largas patas traseras proporcionan casi todo el empuje al nadar.

Las hembras tienen élitros acanalados y los machos, como en la imagen, lisos.

El aire se almacena bajo los élitros.

Los flecos de rígidos pelos de sus patas actúan como la pala de un remo, impulsando al escarabajo por el agua.

«Un chorro de maloliente fluido mantiene a distancia a sus enemigos.»

ASESINO AL ACECHO

La larva acuática de este escarabajo es tan feroz como sus padres. Al acechar entre la vegetación o flotando en la superficie, atrapa a sus presas con sus colmillos, que inyectan un veneno disolvente que le permite sorber a sus víctimas. A veces las larvas se devoran unas a otras.

DE UN VISTAZO

- **TAMAÑO** El adulto, hasta 3,5 cm de largo; la larva, hasta 6 cm
- **HÁBITAT** Estanques de agua dulce, lagos y ríos
- **LOCALIZACIÓN** Europa y norte de Asia
- **DIETA** Insectos acuáticos, pequeños peces y renacuajos

LA MANDÍBULA MÁS RÁPIDA

CAZADOR FORMIDABLE

Esta hormiga de Indonesia, con las mandíbulas bloqueadas y listas para cerrarse, se acerca a su objetivo. El más ligero roce con uno de los pelos disparadores activará la trampa mortal, cerrándola de golpe.

ARMA LETAL
MANDÍBULA TRAMPA

La hormiga de mandíbula trampa posee una de las armas más eficientes del mundo para atrapar presas. Cuando la hormiga abre del todo su mandíbula, un mecanismo especial las bloquea contra la fuerza de sus enormes músculos mandibulares. El mecanismo está controlado por unos pelos parecidos a bigotes que, al mínimo roce, liberan de golpe el bloqueo. Esto hace que las mandíbulas se cierren a extraordinaria velocidad, atrapando a la víctima y a menudo matándola en el acto. Pero la hormiga también usa su mandíbula de resorte para escapar de un peligro catapultándose a sí misma: al cerrar sus mandíbulas contra el suelo, sale disparada por los aires.

DE UN VISTAZO

- **TAMAÑO** 12 mm de largo
- **HÁBITAT** Bosques tropicales
- **LOCALIZACIÓN** Sudeste asiático
- **DIETA** Insectos, arañas y lombrices

DATOS Y CIFRAS

UNAS
70
ESPECIES

Estas hormigas viven en zonas tropicales y subtropicales de todo el mundo.

VIDA DE UNA OBRERA
6
SEMANAS

VELOCIDAD DE ATAQUE

 Las mandíbulas se cierran casi al instante: a unos 60 m/s.

MANDÍBULA

 Una hormiga de mandíbula trampa abre su mandíbula 180 grados.

TAMAÑO DE LA COLONIA

 Según la especie, varía desde las 100 hasta a las 1000 hormigas.

DEFENSA

 Tienen un aguijón en la parte posterior y afiladas mandíbulas.

RONDADOR NOCTURNO
ESCORPIÓN EMPERADOR

Famosos por su aguijón venenoso, los escorpiones son parientes de las arañas y poseen largos cuerpos segmentados y fuertes pinzas de cangrejo. El escorpión emperador, uno de los más grandes, es un gigante acorazado que ronda las noches del África tropical. Es casi ciego y caza detectando movimientos de aire y vibraciones del suelo con sus órganos especiales.

PODEROSAS PINZAS

Las pinzas de un escorpión emperador son su arma principal. Casi nunca usa su aguijón y utiliza la fuerza bruta de sus pinzas para matar y despedazar. Sin embargo, a veces tiene que picar a víctimas grandes, como este lagarto, para que dejen de forcejear.

Los pelos sensoriales en las pinzas detectan movimientos de aire causados por las presas.

Los ojos, pequeños y simples, no ven bien pero detectan luz y oscuridad.

Cerebro

Los enormes músculos de sus pinzas las dotan de una gran fuerza.

Aguijón en la cola

Aunque tiene forma de bogavante, el escorpión emperador es un arácnido y posee características internas de las arañas. Pero en lugar de sus colmillos venenosos, tiene un aguijón en la cola y dos órganos bajo su cuerpo parecidos a peines que detectan vibraciones en el suelo.

En el último segmento de la cola hay dos glándulas venenosas unidas al aguijón.

El afilado aguijón puede arquearse por encima de la cabeza para clavarse en la víctima que está sujetando con las pinzas.

«Los escorpiones existen desde hace 430 millones de años.»

La cola es extensión del abdomen y contiene parte de su intestino.

Las arterias bombean un fluido parecido a la sangre por el cuerpo.

Una red de fibras nerviosas conectadas con el cerebro y los órganos sensoriales controla sus movimientos.

El estómago es un músculo que absorbe fluidos, pues no puede ingerir comida sólida.

Glándula salival

Uno de sus cuatro pares de pulmones en libro, que absorben oxígeno y expulsan dióxido de carbono.

Como todos los arácnidos, camina sobre ocho patas.

PARIENTE LETAL

La picadura del escorpión emperador no es más grave que la de una abeja, pero otros escorpiones pueden matar. El escorpión dorado africano es uno de los más peligrosos y su veneno contiene una neurotoxina que puede causar fallo cardíaco. Lo usa para cazar y sus pinzas son relativamente pequeñas.

RESPLANDOR INQUIETANTE

Al poner a un escorpión bajo luz ultravioleta (la luz que hace que nos quememos con el sol), este brilla en la oscuridad. Eso es porque su piel contiene compuestos químicos fluorescentes. Los científicos aún no saben para qué sirven.

DATOS Y CIFRAS

UNAS 1750 ESPECIES

Los escorpiones viven en regiones cálidas del mundo, pero solo 30 de las especies que existen son realmente peligrosas.

ACTIVO

De día, se ocultan bajo rocas o en agujeros y emergen de noche para cazar.

CRÍAS

Una hembra puede dar a luz a 100 crías vivas, que luego transporta sobre la espalda.

SUPERVIVENCIA

El escorpión puede hacer descender su actividad corporal y vivir con una sola comida al año.

DEFENSA

Usa su aguijón venenoso y sus poderosas pinzas para detener a sus atacantes.

LONGEVIDAD HASTA 15 AÑOS

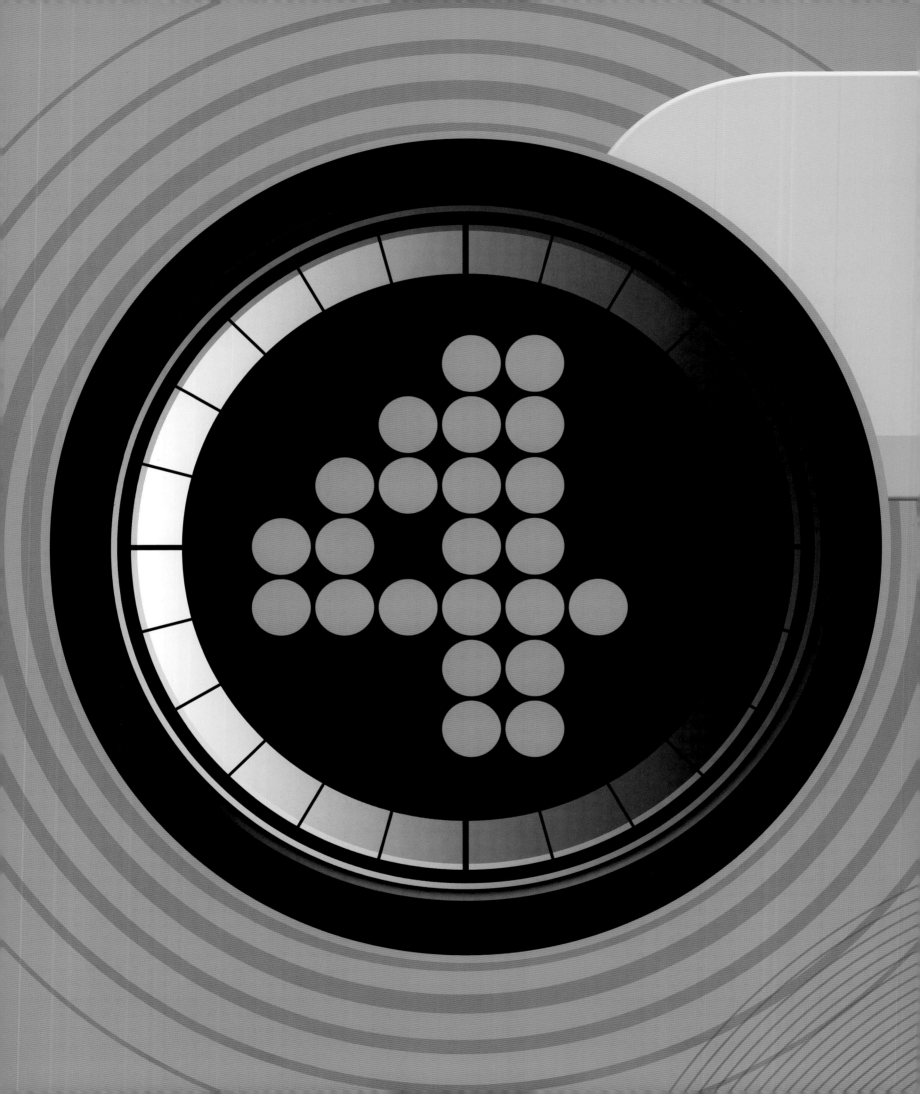

PEQUEÑOS MONSTRUOS

La mayoría de los artrópodos no nos causan problemas y muchos se consideran esenciales para nuestra supervivencia, pero unos pocos constituyen serias plagas: pican, muerden e incluso nos chupan la sangre. Al hacerlo, transmiten algunas de las enfermedades más mortíferas.

CARROÑERA DOMÉSTICA
MOSCA DOMÉSTICA

La mosca doméstica es uno de los insectos menos populares, y con razón. Está extendida por todo el mundo y transporta microorganismos que causan más de 100 enfermedades, incluido el letal tifus y la polio. La mosca recoge los microbios posándose sobre excrementos humanos y después caminando sobre nuestra comida. En las regiones con buena higiene esto no constituye un problema, pero en zonas sin alcantarillado adecuado cualquier mosca doméstica puede transmitir una infección letal.

DE UN VISTAZO

- **TAMAÑO** Unos 6 mm de largo
- **HÁBITAT** Todos, pero sobre todo donde viven seres humanos
- **LOCALIZACIÓN** Todo el mundo
- **DIETA** Cualquier tipo de comida humana o animal, basura y heces de animales

DATOS Y CIFRAS

UNAS

ESPECIES

La mosca doméstica es la única de su familia que es una amenaza para el ser humano.

LONGEVIDAD

Hasta

HUEVOS

La mosca pone unos 500 huevos, por lo general en los alimentos que come.

GUSTO

Tiene el sentido del gusto en las patas, que son 1000 veces más sensibles que nuestra lengua.

DOMINIO DOMÉSTICO

Las moscas domésticas permanecen a menos de 3 km de donde nacen.

VELOCIDAD

Estos insectos vuelan a 2 m/s y baten sus alas 200 veces por segundo.

SUCIA COMENSAL

La mosca doméstica se alimenta chupando líquidos con sus esponjosas piezas bucales, visibles en la imagen bajo la cabeza. Licúa comida con saliva que puede contener organismos causantes de enfermedades infecciosas.

PÚAS VENENOSAS
ORUGA ENSILLADA

Las orugas suelen ser presas fáciles para las aves hambrientas, que las devoran en grandes cantidades. Muchas se protegen con pelos irritantes, pero algunas llevan su defensa un paso más allá. La oruga ensillada posee púas huecas capaces de inyectar un veneno extremadamente doloroso. Sus vivos colores sirven de advertencia para aves, avispas y otros enemigos.

«Es uno de los insectos más **peligrosos** de Norteamérica.»

DE UN VISTAZO

- **TAMAÑO** La oruga mide hasta 2 cm de largo; los adultos tienen una envergadura de unos 4 cm
- **HÁBITAT** Pastizales, bosques y jardines
- **LOCALIZACIÓN** Este de Norteamérica
- **DIETA** La oruga come hojas de diversas plantas

Defensa letal

Estas orugas, que usan sus fuertes y afiladas mandíbulas para masticar hojas, pasan casi todo el tiempo comiendo. Los cuernos carnosos que sobresalen de sus llamativos cuerpos tienen espinas tóxicas que hacen que sea peligroso tocar a estas orugas.

DATOS Y CIFRAS

UNAS **1000** ESPECIES

Hay orugas espinosas emparentadas con la ensillada en todo el mundo, pero sobre todo en países cálidos y tropicales.

COMO UNA BABOSA

También se conocen como orugas babosa por su cuerpo corto y rechoncho y por cómo se deslizan.

HUEVOS

La hembra adulta pone entre 30 y 50 huevos y muere tres semanas más tarde.

DEFENSA

Los vivos colores de la oruga ensillada advierten a los depredadores de sus espinas tóxicas.

ESPINAS PUNZANTES

El dolor que causan estas orugas es muy parecido a la picadura de una abeja o una avispa.

LONGEVIDAD DE LA ORUGA

HASTA **5** MESES

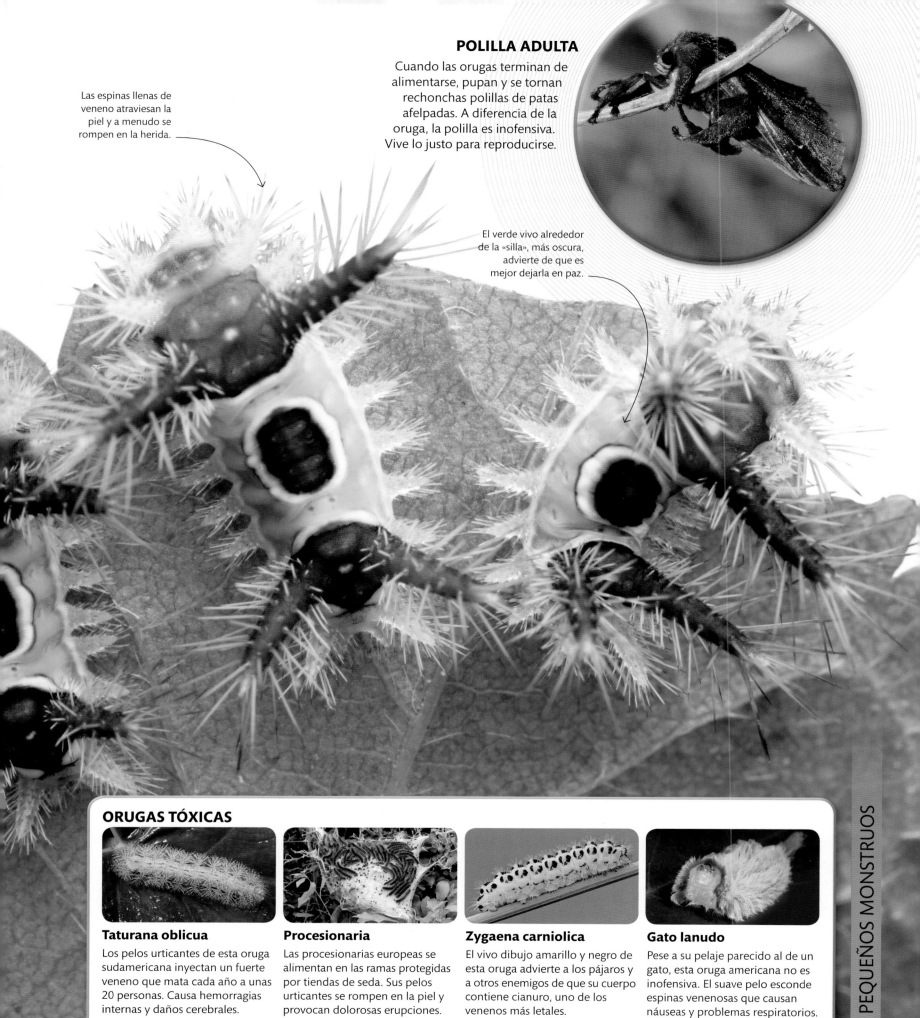

Las espinas llenas de veneno atraviesan la piel y a menudo se rompen en la herida.

POLILLA ADULTA

Cuando las orugas terminan de alimentarse, pupan y se tornan rechonchas polillas de patas afelpadas. A diferencia de la oruga, la polilla es inofensiva. Vive lo justo para reproducirse.

El verde vivo alrededor de la «silla», más oscura, advierte de que es mejor dejarla en paz.

ORUGAS TÓXICAS

Taturana oblicua

Los pelos urticantes de esta oruga sudamericana inyectan un fuerte veneno que mata cada año a unas 20 personas. Causa hemorragias internas y daños cerebrales.

Procesionaria

Las procesionarias europeas se alimentan en las ramas protegidas por tiendas de seda. Sus pelos urticantes se rompen en la piel y provocan dolorosas erupciones.

Zygaena carniolica

El vivo dibujo amarillo y negro de esta oruga advierte a los pájaros y a otros enemigos de que su cuerpo contiene cianuro, uno de los venenos más letales.

Gato lanudo

Pese a su pelaje parecido al de un gato, esta oruga americana no es inofensiva. El suave pelo esconde espinas venenosas que causan náuseas y problemas respiratorios.

143

CHUPADORAS DE SANGRE
GARRAPATAS DURAS

Estos pequeños arácnidos son parásitos con afiladas piezas bucales para chupar la sangre a reptiles, aves y mamíferos, incluidos seres humanos. Se adhieren a sus víctimas durante varios días y chupan hasta 500 veces su peso en sangre. Pueden transmitir desagradables virus, algunos de ellos mortales si no se tratan a tiempo.

Una garrapata tiene ocho patas, como una araña.

DE UN VISTAZO

- **TAMAÑO** Hasta 1 cm de largo
- **HÁBITAT** Pastizales, páramos y bosques
- **LOCALIZACIÓN** Todo el mundo
- **DIETA** Sangre

Larga espera

Una garrapata, que es casi ciega, no puede saltar ni volar, por lo que cuando necesita comer se agarra al extremo de una ramilla o de una hierba y espera. Puede esperar durante años a que pase un animal. Entonces, al sentir su calor, extiende las patas delanteras, se agarra a él y pica.

MÁS Y MÁS GRANDE

Una garrapata hembra que se prepara para parir puede alimentarse durante ocho o nueve días, tragando tanta sangre que se hincha hasta diez veces su tamaño original. Cuando ya no puede beber más, extrae el aguijón, se deja caer de su huésped y pone varios miles de huevos antes de morir.

Esta garrapata, hinchada con la sangre de su víctima, está lista para dejarse caer.

DATOS Y CIFRAS

UNAS
700
ESPECIES

Las garrapatas duras son planas y muy resistentes. Se agarran a una planta y esperan a que pase un animal.

DIETA DE SANGRE

La garrapata necesita ingerir sangre solo tres veces en toda su vida.

Primera vez	Segunda vez	Tercera vez
Impulsa su cambio de larva a ninfa.	La ayuda a pasar de ninfa a adulto.	Le permite reproducirse y desovar.

ACTIVIDAD

Las garrapatas buscan a sus víctimas sobre todo durante el día.

SENTIDOS

Las garrapatas pueden detectar a sus víctimas por el olfato o por su calor corporal.

LONGEVIDAD
HASTA
7
AÑOS

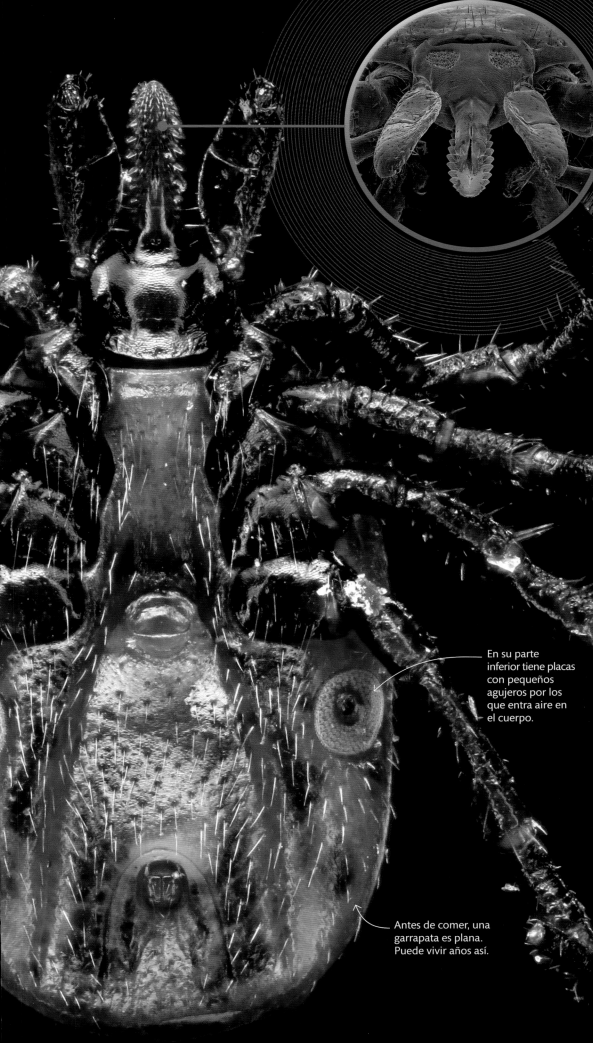

ATAQUE SILENCIOSO

Una garrapata tiene un afilado aguijón que hunde en el animal tras haber punzado la piel con sus mandíbulas serradas. La garrapata usa un anestésico para entumecer la picadura y que la víctima no se dé cuenta del ataque.

PARIENTES MICROSCÓPICOS

Arador de la sarna

Las garrapatas tienen diminutos parientes llamados ácaros. Algunos también son un problema, sobre todo el arador de la sarna, que excava bajo la piel, donde se alimenta y se reproduce, causando la sarna.

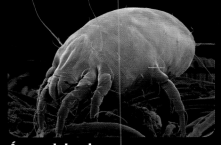

Ácaro del polvo

Otros ácaros se alimentan de piel humana que se va desprendiendo y se acumula en forma de polvo, por eso se llaman ácaros del polvo. Pueden causar una alergia que hace que una persona estornude mucho.

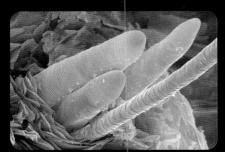

Ácaro de las pestañas

Algunos ácaros viven incluso en las raíces de nuestras pestañas, aunque es difícil que nos demos cuenta de su presencia. Se alimentan de células de piel y de grasa y constituyen un problema solo si hay muchos, lo cual no es muy común.

En su parte inferior tiene placas con pequeños agujeros por los que entra aire en el cuerpo.

Antes de comer, una garrapata es plana. Puede vivir años así.

TERROR ARÁCNIDO
ARAÑA DE SÍDNEY

Provista de una potente neurotoxina capaz de matar a una persona, la araña de Sídney encabeza la lista de las arañas más peligrosas. Se emparenta con las tarántulas gigantes y tiene dos grandes colmillos que se clavan hacia abajo como los de una serpiente de cascabel. Las hembras suelen quedarse en su madriguera, pero los machos, de patas más largas, pueden entrar en un jardín o una casa en busca de pareja, especialmente de noche, cuando su oscuro y robusto cuerpo es difícil de ver.

DEFENSA LETAL

La araña de Sídney, enfrentada al peligro, eleva las patas delanteras mientras los colmillos segregan veneno mortífero. Si decide atacar, a menudo se adhiere a su víctima y muerde múltiples veces para inyectar la máxima cantidad posible de veneno.

DE UN VISTAZO

Los espolones del segundo par de patas del macho sujetan a la hembra en el apareamiento para evitar que lo muerda.

- **TAMAÑO** Hasta 4 cm sin las patas
- **HÁBITAT** Grietas húmedas en bosques y jardines
- **LOCALIZACIÓN** Sudeste de Australia
- **DIETA** Pequeños animales como insectos, lagartos y ratones

DATOS Y CIFRAS

UNAS

ESPECIES

Esta es la especie más famosa de una familia de arañas con colmillos parecidos que tejen telas en forma de embudo.

HUEVOS

La hembra pone unos 100 huevos en un saco de seda en la madriguera de la araña.

DEFENSAS

Famosa por su agresiva postura de defensa, su mejor protección es su picadura venenosa.

ACTIVIDAD

Estas arañas están activas sobre todo de noche. Durante el día se ocultan en zonas frescas y húmedas.

MADRIGUERA

Su madriguera tiene unos 30 cm y está forrada de seda. A menudo tiene forma de Y, con dos entradas.

LONGEVIDAD DE LA HEMBRA

HASTA **18** AÑOS

LA ARAÑA MÁS MORTÍFERA

VENENO LETAL

El veneno del macho de la araña de Sídney es más potente que el de la hembra. Ataca el sistema nervioso y causa espasmos musculares violentos, sudor, náuseas, desorientación y, finalmente, fallo cardíaco. Pero hay un antídoto, que se elabora con el propio veneno. Este se obtiene «ordeñando» a arañas en cautividad por parte de voluntarios entrenados... y muy valientes.

El macho usa sus largos palpos, especialmente adaptados, para aparearse.

Los largos y afilados colmillos se despliegan desde gruesas mandíbulas que contienen las glándulas de veneno.

Tiene que levantar su cuerpo para atacar, pues sus colmillos apuntan hacia abajo.

INSTINTO ASESINO

La posibilidad de que nos pique una araña es muy pequeña, pero algunas especies son famosas por su potente veneno.

ARAÑA BANANERA
Esta especie, grande, rápida y agresiva, compite con la araña de Sídney por el puesto de araña más letal. Alza sus patas delanteras de la misma forma para amenazar a sus enemigos.

VIUDA NEGRA
Aunque es pequeña, una hembra de viuda negra tiene grandes glándulas de veneno que producen una poderosa neurotoxina. Las muertes son raras, pero la picadura es extremadamente dolorosa.

ARAÑA RECLUSA CHILENA
Este es el tipo más peligroso de araña reclusa, una especie cuyas picaduras producen desagradables heridas que tardan meses en curar. El veneno también puede causar la muerte por insuficiencia renal.

ARAÑA SICARIO
Esta araña camuflada, que vive en los desiertos del sur de África, tiene el veneno más potente de todas las arañas. Por suerte, pocas personas se la encuentran.

AMENAZA LETAL
MOSQUITO ANOPHELES

El insecto más mortífero de todos es el mosquito, que hace que el resto de los mordedores y chupadores parezcan criaturas pacíficas. Este insecto transmite la malaria, que mata a más de un millón de personas al año. El microbio que la causa vive en su cuerpo y se transmite cuando este pica a una persona para chuparle la sangre.

Las antenas y los palpos detectan la respiración de una víctima.

Palpo

Su fino aparato bucal puede detectar un vaso sanguíneo oculto.

La punta del labio puede detectar una vena bajo la piel.

Cuatro afilados estiletes perforan la piel.

HERRAMIENTA DE PRECISIÓN

Aquí se ve su complejo aparato bucal. Unos afilados estiletes están protegidos por una funda flexible que se desliza hacia arriba cuando el mosquito ataca a su víctima. Después, un fino tubo inyecta saliva para evitar que la sangre se coagule y un tubo más ancho absorbe la sangre.

DATOS Y CIFRAS

UNAS 465 ESPECIES

Hay miles de especies de mosquito en todo el mundo, pero solo unas pocas especies tropicales transmiten la malaria.

ACTIVIDAD

Los adultos sestán activos de noche, con una punta de actividad a las 4 de la madrugada.

ESCALA TEMPORAL

La malaria puede matar a una persona en pocos días o estar latente en el cuerpo durante años.

ORIENTACIÓN POR CALOR

El calor corporal y el sudor ayudan a los mosquitos a localizar a sus víctimas.

ALETEOS

El músculo de vuelo de un mosquito bate las alas 400 veces por segundo, y produce su zumbido.

LONGEVIDAD ADULTA 1-2 SEMANAS

Hembra chupadora de sangre

Solo los mosquitos hembra chupan sangre: necesitan este alimento, altamente nutritivo, para generar sus huevos. Los seres humanos son sus víctimas ideales porque su piel no está cubierta de pelo denso. Un mosquito tiene un aparato bucal largo, afilado y tubular para perforar la piel, buscar una vena y bombear sangre al estómago.

El cuerpo de un mosquito se hincha hasta contener tres veces su peso en sangre.

El exceso de agua se expulsa para que el mosquito pueda ingerir más glóbulos rojos.

Los mosquitos de la malaria levantan las patas al alimentarse.

- **TAMAÑO** Hasta 8 mm de largo
- **HÁBITAT** Todos los hábitats con estanques, pantanos y otros lugares con agua estancada
- **LOCALIZACIÓN** África tropical
- **DIETA** Ambos sexos se alimentan de néctar y de savia vegetal; la hembra, además, chupa sangre

EL ANIMAL MÁS MORTÍFERO DE LA TIERRA

CÉLULAS INFECTADAS

Cuando un mosquito infectado con malaria pica a alguien, con la saliva del insecto se le inyectan esporas de la enfermedad. Estas se multiplican dentro de los glóbulos rojos, que estallan e infectan otras células. La enfermedad causa fiebre y fatiga y muchas víctimas mueren.

Glóbulo rojo infectado

CICLO REPRODUCTOR

Los mosquitos ponen sus huevos en el agua. De estos salen larvas que flotan en la superficie, y respiran a través de tubos en su parte posterior y alimentándose de microbios. Finalmente, se convierten en pupas y de estas emergen los adultos voladores, como se ve en la imagen.

PEQUEÑOS MONSTRUOS

EL BESO DEL ASESINO

VINCHUCA

Puede que sea pequeña, pero la vinchuca es una asesina. Se alimenta de sangre humana, acercándose con sigilo a sus víctimas de noche y picándolas en la cara. Su saliva anestésica le permite alimentarse sin ser percibida. Cuando se ha hartado, se va sin hacer ruido. No solo chupa sangre: muchas transmiten la enfermedad de Chagas, causada por un microbio que ataca las células musculares y nerviosas y provoca una violenta fiebre. Puede causar fallo cardíaco y algunas personas mueren semanas después de haber sido infectadas.

DE UN VISTAZO

- **TAMAÑO** Hasta 2 cm de largo
- **HÁBITAT** Bosques, pastizales y casas
- **LOCALIZACIÓN** Sudamérica tropical
- **DIETA** Sangre

DATOS Y CIFRAS

UNAS

ESPECIES

La más peligrosa de su familia es tropical, pero otras parecidas viven en Norteamérica.

HUEVOS

Una hembra pone entre 100 y 600 huevos durante su vida de entre 3 y 12 meses.

ENFOCAR A UNA PRESA

Estos insectos, atraídos por el calor corporal, también atacan a animales.

DEFENSA

Para ahuyentar a los depredadores, emiten un olor desagradable y producen un sonido chirriante.

DIETA LÍQUIDA

Este insecto puede chupar hasta cuatro veces su peso en sangre.

LONGEVIDAD

HASTA

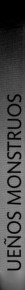

SONDA PERFECTA

La vinchuca es un pariente de las chinches asesinas (que inyectan a sus víctimas una saliva disolvente y después las sorben hasta dejarlas secas). Su aparato bucal está compuesto de afiladas agujas huecas, ideales para su cometido.

HUÉSPEDES INDESEADOS
CUCARACHAS

Las primeras cucarachas aparecieron sobre la Tierra hace 300 millones de años y desde entonces han tenido mucho éxito. Pueden comer prácticamente de todo y prosperan casi en todas partes, desde los áridos desiertos hasta la tundra ártica. Como se sabe, algunas especies viven en casas, se alimentan de nuestra comida por la noche y se esconden durante el día.

Comensales poco escrupulosos

La cucaracha alemana se originó probablemente en el sudeste asiático, pero su gusto por los edificios cálidos le ha permitido extenderse por todo el mundo. Consume la comida humana que encuentra, contaminándola con sus excrementos. Cuando esta escasea, recurre al jabón, el pegamento o, incluso, a sus propios congéneres.

La parte frontal está protegida por un duro caparazón llamado pronoto.

Sus alas delanteras son duras y correos

DE UN VISTAZO

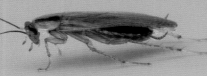

- **TAMAÑO** Hasta 16 mm de largo

- **HÁBITAT** Sobre todo edificios donde se prepara comida

- **LOCALIZACIÓN** Todo el mundo

- **DIETA** Prefiere comidas con carne, almidón o azúcar

DATOS Y CIFRAS

UNAS 4500 ESPECIES

Existen miles de especies de cucarachas en el mundo, pero solo 30 viven en las viviendas humanas y se consideran plagas.

ROBUSTAS

Algunas especies son muy resistentes y pueden sobrevivir semanas casi sin comida.

HUEVOS

Una cucaracha alemana produce unos cinco estuches de huevos, con 40 huevos cada uno.

CRECIMIENTO

Una cucaracha muda de piel unas seis veces antes de llegar al tamaño adulto.

DE RÉCORD

Con sus 35 g, la cucaracha gigante, de Centroamérica, es la cucaracha más pesada del mundo.

VIDA DE LA CUCARACHA ALEMANA

3 MESES

OTRAS CUCARACHAS

Aunque las cucarachas se consideran una molestia, la mayoría de las especies no causan problemas. Viven en bosques, campos, pantanos, cuevas y otros hábitats naturales, donde se alimentan de materia animal y vegetal. Son una parte importante de la cadena trófica, pues reciclan materia de desecho y devuelven nutrientes al suelo.

Cucaracha gigante

Con sus 10 cm de largo, hace honor a su nombre. Vive en los bosques tropicales de América, normalmente en troncos huecos y cuevas.

Cucaracha silbadora

Esta enorme cucaracha sin alas, nativa de Madagascar, vive en la madera podrida. Hace un sonido siseante al expeler aire por sus espiráculos.

Cucaracha hoja seca

Esta cucaracha de las selvas del sudeste asiático es una de las especies que cuidan de sus crías. Las ninfas son como adultos en miniatura sin alas.

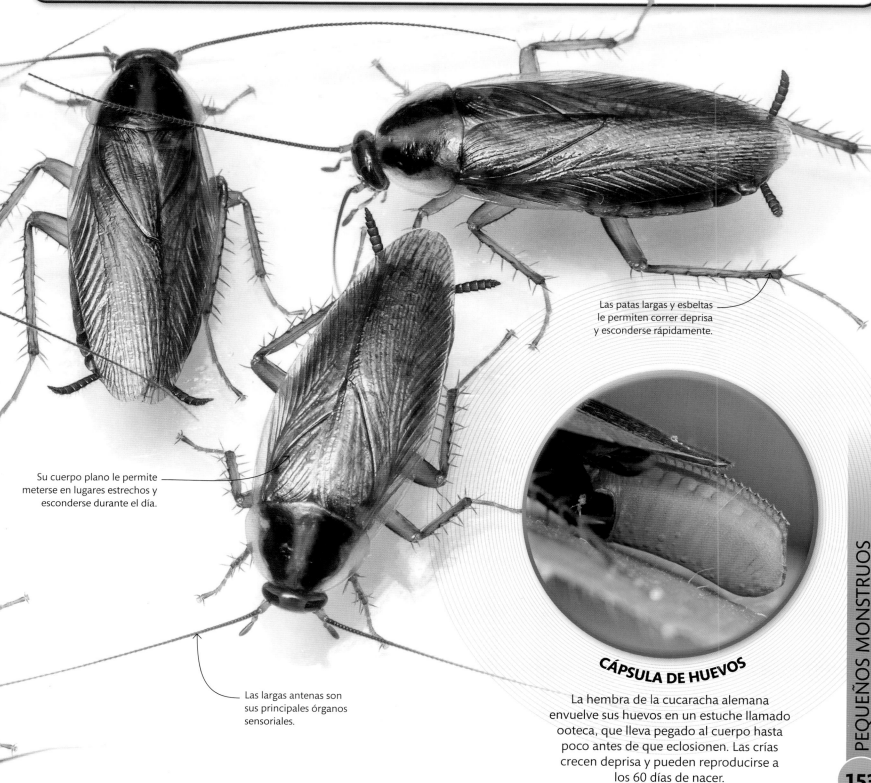

Las patas largas y esbeltas le permiten correr deprisa y esconderse rápidamente.

Su cuerpo plano le permite meterse en lugares estrechos y esconderse durante el día.

Las largas antenas son sus principales órganos sensoriales.

CÁPSULA DE HUEVOS

La hembra de la cucaracha alemana envuelve sus huevos en un estuche llamado ooteca, que lleva pegado al cuerpo hasta poco antes de que eclosionen. Las crías crecen deprisa y pueden reproducirse a los 60 días de nacer.

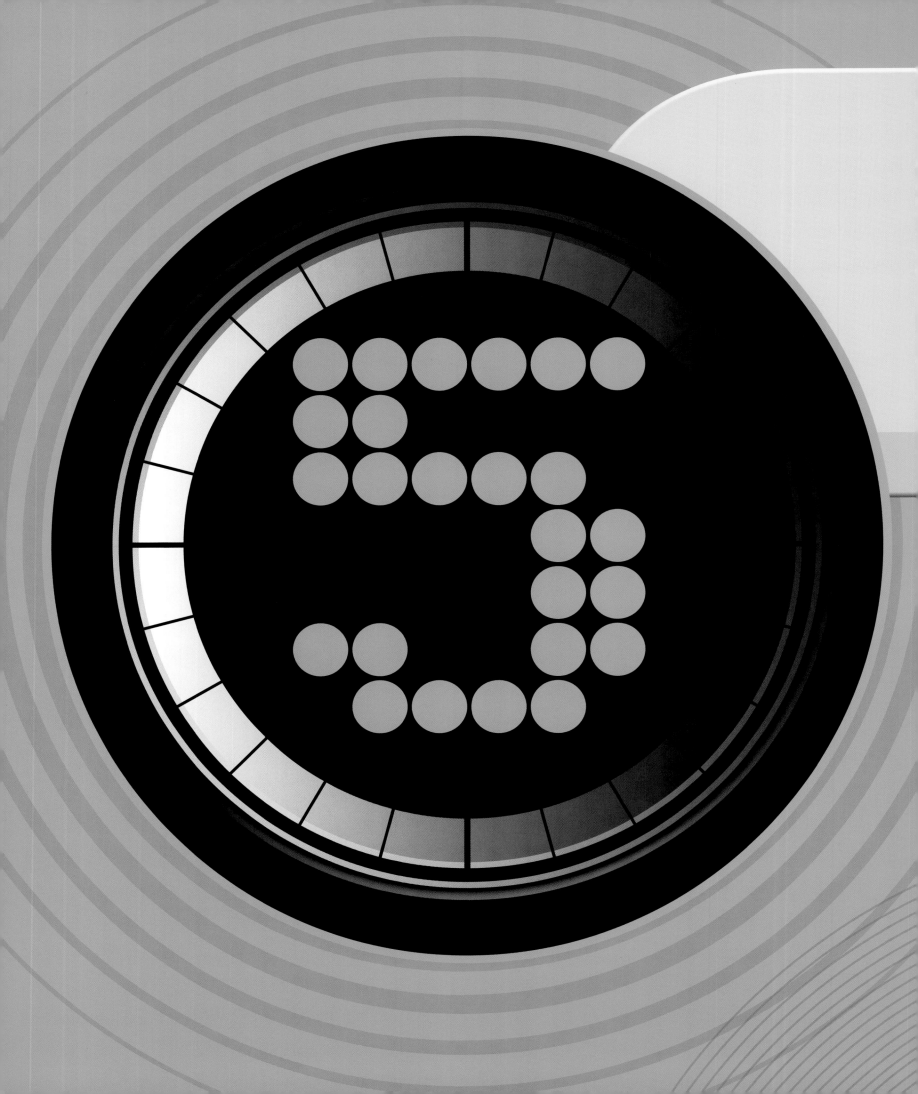

HISTORIAS VITALES

Muchos artrópodos llevan vidas extraordinarias. Algunos forman vastas colonias y no podrían sobrevivir solos. Otros pasan parte de su existencia en cuerpos completamente diferentes. Varias especies tienen asombrosas formas de cuidar de sus crías y unas pocas sobreviven incluso tras congelarse por completo.

ALERTA ROJA
AVISPA RUBÍ

Este insecto, que parece una joya, puede que sea muy brillante, pero su brillo oculta un lado oscuro. Es una avispa parasitaria, a veces llamada avispa cuco, que, como el ave, busca un nido de otra avispa solitaria o de una abeja y pone un huevo. Cuando nace su larva, se come a todas las crías de la dueña del nido.

BOLA DEFENSIVA

Invadir el nido de una avispa o una abeja es peligroso, pues su dueño está armado con un aguijón letal. Pero la avispa cuco se defiende haciéndose una bola. La gruesa quitina de su espalda es una efectiva armadura antiaguijones.

Deslumbrante exhibición

Algunos de los llamativos colores de la avispa rubí los crea la luz reflejada en su cuerpo. Minúsculos bultos y hoyuelos en el brillante exoesqueleto dispersan la luz y crean un efecto de arcoíris llamado iridiscencia, el cual cambia el ángulo y la fuerza de la luz. La avispa está siempre más deslumbrante bajo la luz directa del sol.

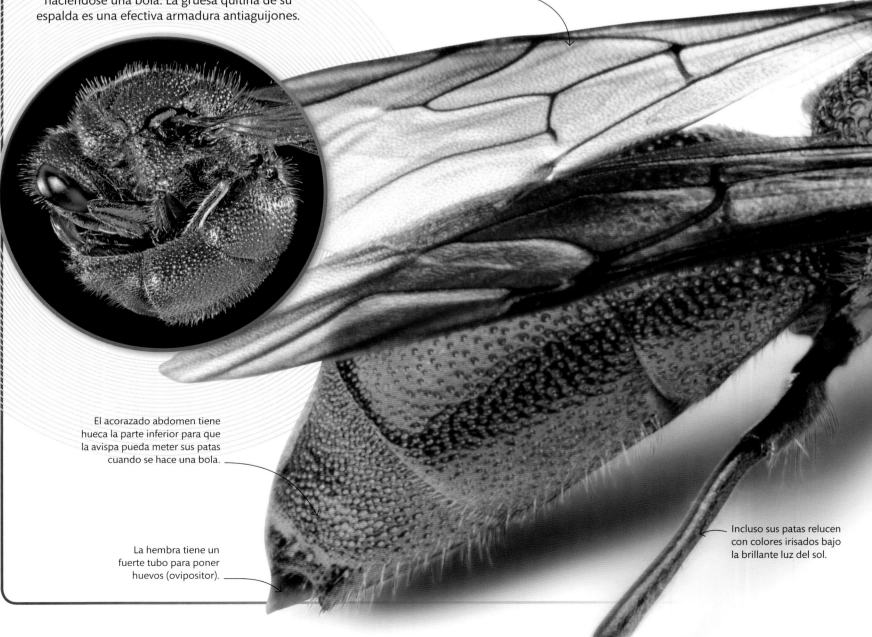

Como la mayoría de las avispas, tiene dos pares de alas transparentes.

El acorazado abdomen tiene hueca la parte inferior para que la avispa pueda meter sus patas cuando se hace una bola.

La hembra tiene un fuerte tubo para poner huevos (ovipositor).

Incluso sus patas relucen con colores irisados bajo la brillante luz del sol.

DE UN VISTAZO

TAMAÑO Hasta 12 mm de largo

HÁBITAT Principalmente lugares áridos

LOCALIZACIÓN Todo el mundo

DIETA Los adultos se alimentan de néctar y polen; las crías, de larvas de avispas y de abejas

ARRIESGADA ESTRATEGIA

Algunos de los principales objetivos de la avispa cuco son abejas solitarias que anidan en cavidades o madrigueras en el suelo. Este insecto debe entrar sigilosamente en el nido y poner un huevo sin que la abeja madre se dé cuenta, así que vigila y espera a que la abeja salga volando antes de acercarse. Debe ir deprisa antes de que la abeja vuelva, aunque puede defenderse si la atacan.

Esta avispa rubí espera junto a la entrada de un nido a que se marche la abeja.

Sus grandes ojos compuestos la ayudan a localizar a sus víctimas.

Las sensibles antenas se curvan hacia abajo para detectar el olor de una madriguera.

A PRUEBA DE AGUIJONES

DATOS Y CIFRAS

UNAS 1000 ESPECIES

Hay avispas cuco de diferentes especies en hábitats de todo el planeta. Tienen los mismos hábitos y la mayoría tienen colores muy brillantes.

ACTIVIDAD
Están muy activas durante el día, recorriendo muros y troncos de árboles en busca de un huésped.

COLOR
Hay varias especies similares, de colores brillantes como joyas: azul, rojo, verde y bronce.

CRÍA
Las larvas completan su crecimiento en el nido del huésped hasta ser adultos al año siguiente.

AGUIJÓN
Aunque tienen aguijón, no lo pueden usar y muchas especies no tienen veneno.

LONGEVIDAD ADULTA HASTA 3 MESES

ESCARABAJO CARROÑERO
ESCARABAJO ENTERRADOR

El suelo estaría cubierto de pequeños animales muertos de no ser por insectos como el escarabajo enterrador, que los usa como comida para sus crías. Una pareja de escarabajos atraídos por el olor a putrefacción excavan alrededor del cadáver para hundirlo en la tierra. Si está demasiado dura, lo arrastran hasta un lugar adecuado. Una vez enterrado, la hembra pone allí los huevos. Cuando nacen, las larvas se alimentan de carne hasta que están listas para convertirse en adultos. Mientras tanto, su madre las protege de los depredadores e incluso les da de comer.

DE UN VISTAZO

- **TAMAÑO** Hasta 2 cm de largo
- **HÁBITAT** Pastizales y bosques
- **LOCALIZACIÓN** Europa, norte de Asia y Norteamérica
- **DIETA** Animales muertos

DATOS Y CIFRAS

UNAS
150
ESPECIES

Hay escarabajos enterradores similares por todo el mundo. Todos comparten el gusto por la carroña.

OLFATO

Pueden oler un animal muerto desde 1,6 km.

km	0,5	1	1,5	2

FUERZA

Dos escarabajos enterradores pueden trasladar una rata muerta de 450 g.

ACTIVO

Están activos de noche y entierran sus hallazgos de inmediato.

LONGEVIDAD

HASTA

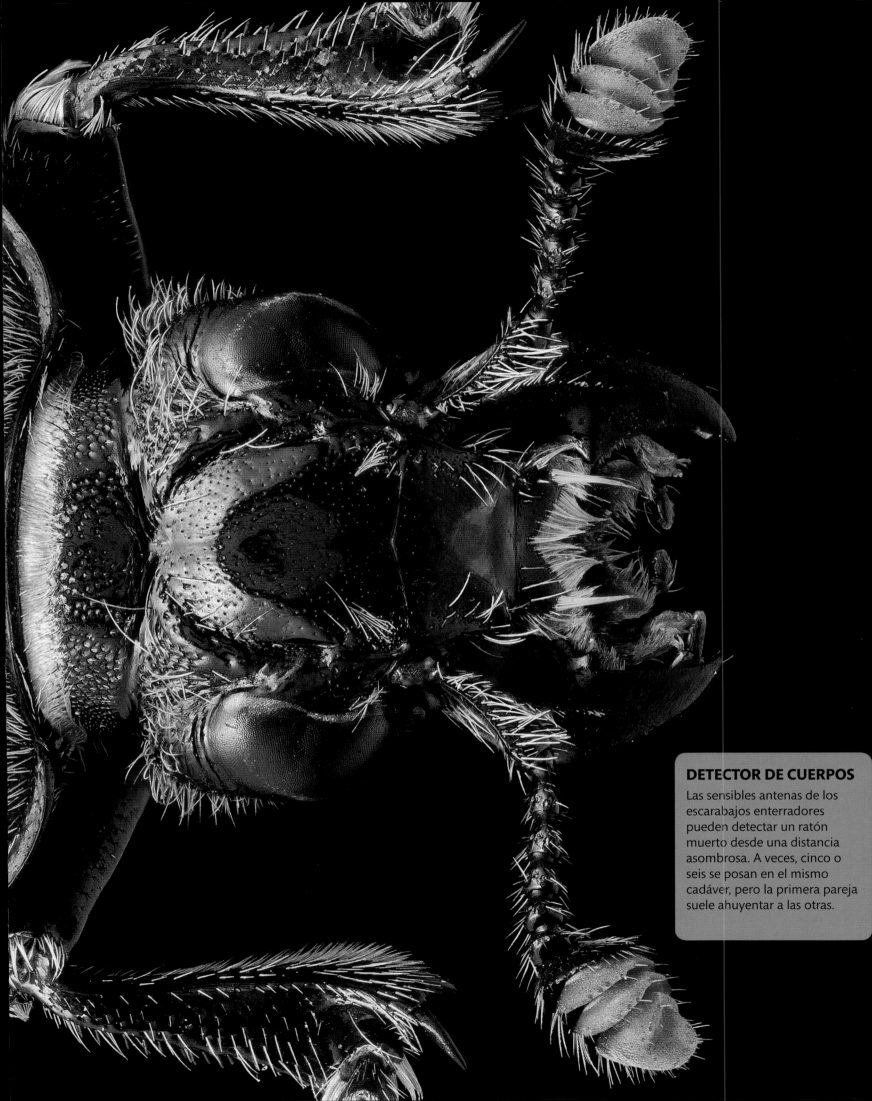

DETECTOR DE CUERPOS

Las sensibles antenas de los escarabajos enterradores pueden detectar un ratón muerto desde una distancia asombrosa. A veces, cinco o seis se posan en el mismo cadáver, pero la primera pareja suele ahuyentar a las otras.

TAMAÑO Hasta 2,5 cm de largo

HÁBITAT Pastizales con animales herbívoros

LOCALIZACIÓN Europa, Asia y África

DIETA Estiércol

RECICLADORES NATURALES

ESCARABAJO ESTERCOLERO

El estiércol del ganado y de otros animales puede sernos desagradable, pero para los escarabajos estercoleros es una rica fuente de nutrientes. Alimentan con él a sus larvas, enterrándolo y poniendo sus huevos dentro. Al hacerlo, reciclan grandes cantidades de desecho animal y aumentan la fertilidad del suelo.

Tuneladores

Algunos escarabajos estercoleros, como estos escarabajos peloteros europeos, cavan profundos túneles bajo la bosta de caballo o de vaca. Las hembras llenan el final de cada túnel con una pelota de estiércol y después ponen un huevo dentro. Finalmente, sellan el túnel con tierra.

Huele el estiércol desde muy lejos, por lo que muchos vienen volando de todas las direcciones.

Los escarabajos cavan en el suelo bajo la bosta de vaca antes de empezar a enterrar las pelotas de estiércol.

CAVAR HONDO

Los escarabajos peloteros usan sus fuertes patas delanteras para cavar una red de túneles bajo el estiércol. Las patas tienen protuberancias parecidas a dientes que le ayudan a apartar la tierra.

Primero cavan las partes más profundas de los túneles. Después, ponen los huevos y rellenan los pasajes laterales.

RODADORES Y MORADORES

Algunas especies de escarabajo hacen rodar bolas de estiércol lejos del montón, y otras ponen sus huevos directamente en este.

A RODAR

Estos escarabajos forman bolas de estiércol haciéndolas rodar sobre el suelo. Cada bola puede tener 50 veces el peso del escarabajo. Este la entierra como alimento para sus crías.

ENCIMA DEL MONTÓN

En lugar de cansarse haciendo bolas de estiércol o excavando madrigueras, algunos escarabajos hacen túneles dentro del montón de estiércol y lo usan como una guardería comestible para sus larvas.

LARVA DE ESCARABAJO

Cuando la larva del escarabajo nace, se alimenta de la pelota de estiércol enterrada durante un año. El estiércol le proporciona todo el alimento que necesita. Al crecer, muda varias veces su blanda piel antes de la pupación, la fase de la vida del insecto en la que se transforma en adulto.

El tamaño de cada pelota está medido para proporcionar comida para un año.

DATOS Y CIFRAS

LONGEVIDAD
HASTA **3** AÑOS

MÁS DE 5000

ESPECIES

Hay diferentes especies de escarabajo estercolero por todo el mundo, alimentándose del estiércol de los animales locales.

HUEVOS

Una hembra de escarabajo pone entre 3 y 20 huevos de una vez.

TÚNELES

Los túneles pueden alcanzar profundidades de hasta 50 cm

PESO

En una noche, este escarabajo puede enterrar 250 veces su peso en estiércol.

ACTIVO

Los nocturnos escarabajos estercoleros usan las estrellas para orientarse.

HISTORIA VITALES

SUPERVIVIENTE MUY FRESCO

ESCARABAJO DE LA CORTEZA

Los animales de sangre caliente sobreviven a las temperaturas bajo cero al transformar el alimento en calor. Los artrópodos no pueden hacerlo, por lo que se exponen a que los cristales de hielo que se forman en sus tejidos los maten. El escarabajo plano de la corteza rojo combate este problema con anticongelantes naturales en su sangre. Se congela como un cubito de hielo mientras hiberna bajo la corteza de los árboles caídos y, aun así, sobrevive, pues el anticongelante de su sangre previene la formación de dañinos cristales.

DE UN VISTAZO

- **TAMAÑO** Hasta 14 mm de largo
- **HÁBITAT** Árboles del bosque
- **LOCALIZACIÓN** Noroeste de Estados Unidos
- **DIETA** Insectos

ESTRECHECES

En verano, el escarabajo plano de la corteza caza otros insectos bajo la corteza suelta, y se vale del hecho de ser plano para introducirse en los resquicios más estrechos. Puede incluso atacar a insectos que han taladrado profundos túneles en la madera.

DATOS Y CIFRAS

14
ESPECIES

Hay distintas especies de escarabajos planos de la corteza en el hemisferio norte.

LONGEVIDAD ADULTA
APROX. **1** AÑO

TEMPERATURA

Estos escarabajos pueden sobrevivir a temperaturas de hasta –150 °C.

COLOR

Según la especie, estos escarabajos pueden ser de color rojo o amarillo.

CICLO VITAL

El estado larvario dura dos años. Las larvas también sobreviven a las temperaturas extremas.

años	1	2	3

El adulto tarda dos semanas en emerger de la pupa.

GRANDES ARQUITECTAS
TERMITAS

Pocos animales pueden rivalizar con las termitas en habilidad arquitectónica. Estos insectos diminutos y casi ciegos viven en enormes colonias. Construyen complejos nidos en montículos de barro endurecido que a menudo se elevan por encima del paisaje. Los nidos de algunas especies contienen zonas especiales para cultivar su comida, aireadas mediante ingeniosos sistemas de ventilación.

SUPERESTRUCTURAS

Hay muchos tipos de termiteros de asombrosa ingeniería. En el cálido y seco norte de Australia, las termitas brújula construyen termiteros en forma de cuña con el borde afilado hacia el norte. Así, el sol de la mañana y la tarde calienta los lados anchos del nido y se reduce el área que da al sol durante las horas más calurosas del día.

Los túneles permiten a las termitas salir del nido para aprovisionarse.

Termitero

Los altos termiteros de la sabana africana contienen cámaras para la reina ponedora, para sus larvas y para los huertos de hongos que les proporcionan alimento. El calor que genera la colonia se lo lleva el aire que sale de la parte superior del termitero, que puede llegar a medir casi 8 m de altura.

REPARACIONES DE EMERGENCIA

Si el termitero se rompe, cientos de obreras acuden a reconstruirlo. Llevan la boca llena de tierra que van empastando en el desperfecto para repararlo. Mientras tanto, soldados fuertemente armados defienden a las obreras y atacan a cualquier intruso.

DATOS Y CIFRAS

MÁS DE
3100
ESPECIES

Las termitas que cultivan huertos de hongos son un grupo de estos insectos que viven en las zonas cálidas del planeta.

HUEVOS

La reina pone hasta 30 000 huevos al día, es decir, uno cada tres segundos.

COLONIA

Una colonia puede albergar hasta siete millones de termitas.

DEFENSAS

Las termitas soldado muerden, escupen pegamento tóxico o explotan y cubren de baba a los atacantes.

PESO

El peso total de las termitas de la sabana africana es el doble del de los animales que viven allí.

LONGEVIDAD DE LA REINA
HASTA
15
AÑOS

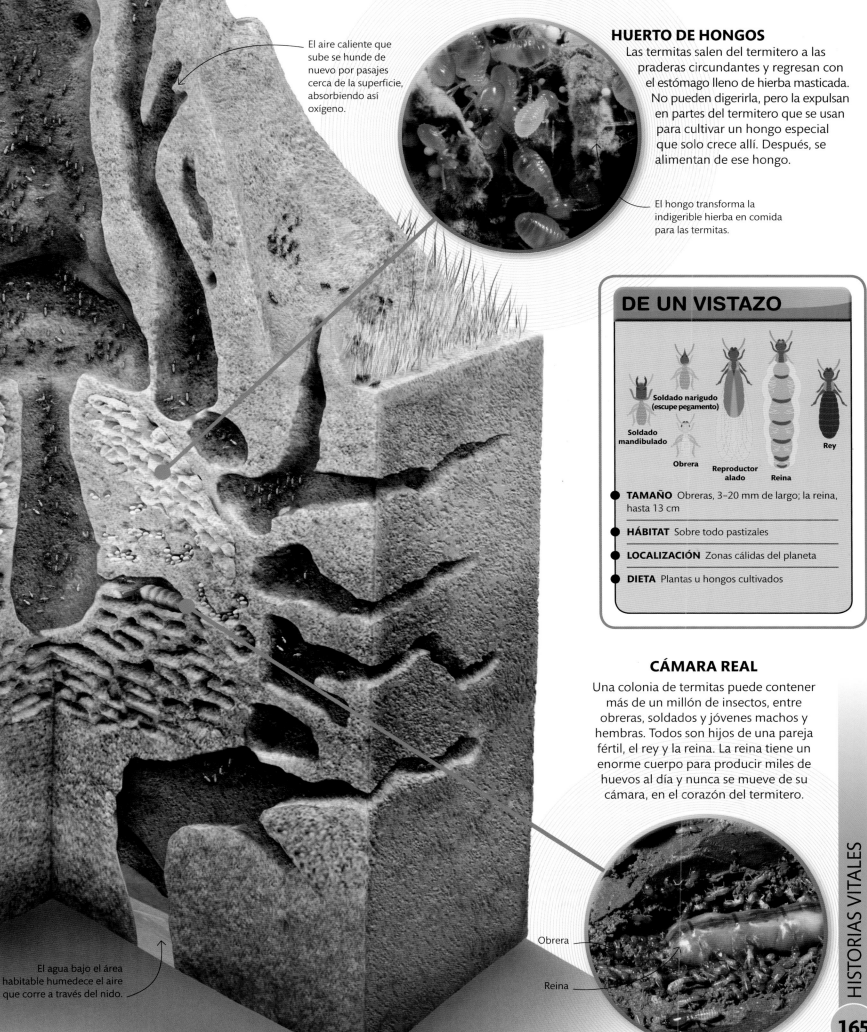

El aire caliente que sube se hunde de nuevo por pasajes cerca de la superficie, absorbiendo así oxígeno.

HUERTO DE HONGOS

Las termitas salen del termitero a las praderas circundantes y regresan con el estómago lleno de hierba masticada. No pueden digerirla, pero la expulsan en partes del termitero que se usan para cultivar un hongo especial que solo crece allí. Después, se alimentan de ese hongo.

El hongo transforma la indigerible hierba en comida para las termitas.

DE UN VISTAZO

Soldado narigudo (escupe pegamento)

Soldado mandibulado

Obrera

Reproductor alado

Reina

Rey

TAMAÑO Obreras, 3–20 mm de largo; la reina, hasta 13 cm

HÁBITAT Sobre todo pastizales

LOCALIZACIÓN Zonas cálidas del planeta

DIETA Plantas u hongos cultivados

CÁMARA REAL

Una colonia de termitas puede contener más de un millón de insectos, entre obreras, soldados y jóvenes machos y hembras. Todos son hijos de una pareja fértil, el rey y la reina. La reina tiene un enorme cuerpo para producir miles de huevos al día y nunca se mueve de su cámara, en el corazón del termitero.

El agua bajo el área habitable humedece el aire que corre a través del nido.

Obrera

Reina

PISTOLAS DE PEGAMENTO

Las colonias de termitas están defendidas por soldados: obreras especializadas para atacar a los enemigos. Las termitas soldado de la mayoría de las especies tienen fuertes mandíbulas, pero un grupo de termitas ha desarrollado un arma distinta. La cabeza de estos soldados tiene un hocico que escupe una sustancia pegajosa y ligeramente tóxica, especialmente útil para ahuyentar a las hormigas, sus principales enemigos.

167

CADENA DE PRODUCCIÓN
PULGÓN DEL GUISANTE

Muchos insectos se multiplican a gran velocidad si tienen comida suficiente. Los campeones son los áfidos, o pulgones, pequeños insectos que chupan savia de plantas. El pulgón del guisante se alimenta de esta planta y otras de su familia. Cuando, en verano, estas crecen deprisa, los pulgones se alimentan tan rápido como pueden. Sin aparearse, las hembras dan a luz a una gran cantidad de hembras que a su vez se reproducen pronto. Al final del verano, dan machos y hembras, que se aparean y ponen huevos que sobrevivirán al invierno y eclosionarán en primavera.

DE UN VISTAZO

- **TAMAÑO** Hasta 4 mm de largo
- **HÁBITAT** Bosques, pastizales, cultivos y jardines
- **LOCALIZACIÓN** Casi todo el mundo, allí donde haya plantas
- **DIETA** Savia de las plantas de la familia del guisante

DATOS Y CIFRAS

UNAS
4400
ESPECIES

Hay miles de especies de áfidos. Muchas pueden reproducirse sin aparearse.

LONGEVIDAD
HASTA

DEFENSA
Pueden patear con sus patas traseras o dar señales químicas de alarma.

COLOR
Aunque la mayoría son verdes, algunos pulgones son rosas, negros, marrones o carecen de color.

CRÍA
En solo un mes, una hembra puede tener un millón de crías.

HORMIGAS AYUDANTES
Algunas hormigas los protegen para alimentarse del líquido azucarado que liberan.

UNA COPIA PERFECTA
Este pulgón del guisante está dando a luz a una versión en miniatura de sí mismo que muy pronto podrá dar a luz a sus

«Una hembra de pulgón produce hasta **12 crías** cada día de su vida.»

ABEJAS LABORIOSAS
ABEJA MELÍFERA

Ningún insecto es tan importante para la humanidad como la abeja melífera. Valorada desde hace miles de años como productora de miel, realiza un enorme servicio para los agricultores, pues poliniza las plantas que cultivan para alimentarnos. Vive en grandes colonias regidas por una reina que pone los huevos. Todas las demás abejas son sus hijas e hijos.

Las abejas tienen dos pares de alas unidos por pequeños ganchos para que se muevan a la vez.

PRODUCCIÓN DE MIEL

Las abejas salen a polinizar y regresan a la colmena con el buche lleno de dulce néctar. Después lo pasan a otras abejas, que le añaden enzimas y cambian su naturaleza química. Tras verter este dulce néctar en las celdillas de cera, lo abanican con las alas para eliminar casi toda el agua. Esta miel almacenada alimentará a la colonia durante el invierno.

Una abeja obrera tiene un aguijón afilado y dentado para defender la colonia.

La abeja tiene un cojinete de pelos en cada pata posterior que carga de polen. Se llama canasta de polen o corbícula.

El vello que las cubre atrapa el polen cuando visitan una flor.

DE UN VISTAZO

- **TAMAÑO** Hasta 2 cm de largo
- **HÁBITAT** Bosques, pastizales, cultivos y jardines
- **LOCALIZACIÓN** Procede de Asia oriental pero se ha introducido en casi todo el mundo
- **DIETA** Los adultos liban néctar; a las crías se las alimenta con miel y polen

Usa los fuertes segmentos inferiores de las patas para comprimir el polen en bolitas.

Un servicio vital

Las abejas melíferas fabrican la miel con el néctar que recolectan de las flores. En el proceso, su cuerpo se cubre de polen, que después transfieren a otras flores, fertilizando así sus semillas. Estos insectos cumplen su tarea a la perfección. También recolectan polen para dar de comer a las crías.

DATOS Y CIFRAS

7
ESPECIES

Hay miles de especies de abeja, pero solo unas pocas producen miel suficiente como para llamarlas abejas melíferas.

COLONIA

Puede haber hasta 80 000 abejas en una sola colonia.

| 0 | 20 000 | 40 000 | 60 000 | 80 000 | 100 000 |

HUEVOS

La abeja reina pone hasta 2000 huevos cada día. De la mayoría nacerán obreras hembra.

MIEL

Hacen falta unos diez millones de viajes de las obreras al exterior para producir 450 g de miel.

LONGEVIDAD DE LA REINA

HASTA **5** AÑOS

ABEJA REINA

Cada colonia está controlada por una reina, ligeramente más grande que las obreras. La reina libera un aroma llamado feromona que mantiene ocupadas a las demás abejas. Las obreras son hembras, pero la feromona hace que dejen de criar por sí mismas. También hay machos, llamados zánganos, que se aparean con las nuevas reinas.

Reina

Obrera

Tres ojos simples ayudan a la abeja a medir la intensidad de la luz.

Los grandes ojos compuestos ven bien los colores para encontrar flores con néctar.

Las antenas detectan la fragancia de las flores y los aromas de otras abejas.

Las patas anteriores tienen una especie de peines de pelos para sacudirse el polen del cuerpo y empacarlo en las canastas de polen.

«La abeja melífera bate sus alas 250 veces por segundo.»

ABEJAS DANZARINAS

Cuando una abeja regresa al panal una vez ha encontrado néctar, hace una danza especial para decirles a las otras dónde lo encontró. La obrera de la imagen está realizando una danza que indica la distancia de la fuente de alimento y su dirección respecto al sol.

«Doce **abejas**, durante toda su vida, producen solo una cucharada pequeña de **miel**.»

AGUA DEL DESIERTO
ESCARABAJO DE NAMIBIA

Este ingenioso escarabajo patilargo ha encontrado una forma única de sobrevivir en el seco y desolado desierto de Namibia, en el sudoeste de África. Allí, la única humedad proviene de la niebla que llega desde el Atlántico. A primera hora de la mañana, el escarabajo sube a lo alto de una duna, eleva su parte posterior y espera. Poco a poco, la niebla va formando gotitas de agua en su cuerpo y, a medida que estas crecen y se hacen más pesadas, van resbalando hasta su boca, permitiéndole beber la preciada agua.

DE UN VISTAZO

- **TAMAÑO** 2 cm de largo
- **HÁBITAT** Dunas de arena en el desierto
- **LOCALIZACIÓN** Sudoeste de África
- **DIETA** Semillas arrastradas por el viento y trozos de plantas

DATOS Y CIFRAS

SOLO
4
ESPECIES

Varias especies de tenébridos recolectan agua de esta forma; todos viven en el desierto de Namibia.

ACTIVIDAD

Está activo sobre todo por la noche, cuando baja la temperatura.

DEFENSA

Algunos tenébridos rocían a sus enemigos con un líquido maloliente.

ESTRATEGIA

Algunas especies cavan trincheras en la arena para recoger lluvia o humedad.

HÁBITAT

En el desierto de Namibia llueve menos de 10 litros al año.

LONGEVIDAD ADULTA

3-4
MESES

PRECIADO RECURSO
Su dura cutícula tiene un exterior ceroso, que impide que se seque. También repele cualquier humedad del aire, pero su técnica de hacer el pino le asegura que no va a desperdiciar el agua.

LA ARAÑA BUCEADORA
ARAÑA DE AGUA

Las arañas no pueden respirar bajo el agua, pero la araña de agua ha encontrado la forma. Lleva consigo una provisión de aire en forma de burbuja alrededor de su cuerpo, lo que le permite cazar bajo la superficie. Incluso construye una madriguera bajo el agua, una densa tela en forma de campana pegada a las plantas acuáticas que contiene una gran burbuja de aire. La araña toma aire de la superficie para rellenar la tela, pero el oxígeno también entra en la burbuja del agua circundante. Allí se retira para comer y para cuidar de sus huevos y crías.

DE UN VISTAZO

- **TAMAÑO** Hasta 18 mm de largo
- **HÁBITAT** Estanques, lagos, humedales y ríos lentos
- **LOCALIZACIÓN** Europa y norte de Asia
- **DIETA** Pequeños animales acuáticos

DATOS Y CIFRAS

1
ESPECIE

La araña de agua es única, pues existe una sola especie en una amplia área.

LONGEVIDAD

HASTA **2** AÑOS

HUEVOS

Las hembras ponen hasta seis tandas de entre 50 y 100 huevos por año.

CRÍAS DE ARAÑA

Después de nacer, las crías se quedan en el nido cuatro semanas antes de irse por su cuenta.

BUCEO

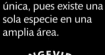

Bucean a mayor profundidad para hibernar durante los fríos inviernos.

DEFENSA

Cuando se siente amenazada, se defiende con una mordedura venenosa.

AGRADECIMIENTOS

Dorling Kindersley agradece a: Anjana Nair, Amit Varma y Charvi Arora, por su asistencia de diseño; Surya Sarangi, por la documentación gráfica adicional; Steve Crozier, por el retoque; Bharti Bedi, por su asistencia editorial; Jane Evans, por la corrección de pruebas, y Carron Brown, por la preparación del índice.

Créditos de las fotografías
El editor quiere agradecer su permiso para la reproducción de sus fotografías a las siguientes personas e instituciones:

(Leyenda: a, arriba; b, abajo, debajo; c, centro; d, derecha; e, extremo; i, izquierda; s, superior)

4 Corbis: Wouter Pattyn/Buiten-beeld/ Minden Pictures (cda). **Nicky Bay:** (ca). 5 Ireneusz Irass Waledzik (cla). **Thomas Marent:** (c). 6 Ryan Jayawardena: (bi). 6-7 Science Photo Library: Gilles Mermet. 7 Alexander Hyde: (cdb). **Thomas Marent:** (bd). **Nicky Bay:** (sd). **Igor Siwanowicz:** (cda). 8 Nicky Bay: (cib). **Alex Wild/myrmecos.net:** (bi). 9 OceanwideImages.com: (cdb). 10 Alexander Hyde: (bd). **Dreamstime. com:** Pzaxe (sd). 11 123RF.com: Cosmin Manci (cb); Parmoht Hongtong (sd). **Dreamstime.com:** Amwu (ci). 13 **Dreamstime.com:** Alessandrozocc (bc). **Getty Images:** Stephen Dalton (si). **Melvyn Yeo:** (cd). 14-15 naturepl.com: Alex Hyde. 16 Alamy Images: Survivalphotos (bi). **Brian Parsons:** (bc). naturepl.com: Alex Hyde (ca). **Nicky Bay:** (sd, esd). 16-17 Corbis: Ingo Arndt/ Minden Pictures (cb). **Dreamstime.com:** Stevenrussellsmithphotos (cb). 17 **Getty Images:** Laura Berman/Design Pics (sd). **Nicky Bay:** (esi, si, sc, sc/cutícula blanda). 21 naturepl.com: Nature Production (cda). 22-23 Dreamstime.com: Mgkuijpers. 23 Corbis: Wolfgang Kaehler (cd). 24-25 **Dreamstime.com:** Mgkuijpers. 25 naturepl. com: MYN/Andrew Snyder (cd). 26 **Science Photo Library:** Jerzy Gubernator (cb). 27 **FLPA:** Ingo Arndt/Minden Pictures (bc). **Photoshot:** Adrian Hepworth (cda). **Science Photo Library:** Dirk Wiersma (sc). 28-29 naturepl.com: Philippe Clement. 29 **Dreamstime.com:** HenrikhI (cd). 30 **Masterfile:** Minden Pictures (c). 30-31 Rod Morris Productions. 32 Dorling Kindersley: Museo de Historia Natural, Londres (cib). 32-33 naturepl.com: Steven David Miller. 34 Corbis: Dennis Kunkel Microscopy, Inc./Visuals Unlimited (ci). 34-35 **Nicky Bay.** 35 123RF.com: Dmitry Knorre (sd). naturepl.com: Jan Hamrsky (bd). 36 **SuperStock:** Universal Images Group (bd). 38-39 Getty Images: Thunderbolt_TW (Bai Heng-yao) photography. 40-41 naturepl.com: Nature Production. 41 Dreamstime.com: Isselee (cdb).

42 OceanwideImages.com: (ci). 42-43 OceanwideImages.com. 44-45 SuperStock: Minden Pictures. 45 SuperStock: Minden Pictures (cd). 46-47 Igor Siwanowicz. 47 naturepl. com: Robert Thompson (cd). 48-49 **SuperStock:** Imagemore (c). 49 123RF. com: Eric Isselee (cd). **Fotolia:** Eric Isselee (sd). naturepl.com: Jabruson (bd). **Science Photo Library:** Patrick Landmann (bc). 50-51 naturepl.com: Kim Taylor. 53 Christian Kronmuller: (si). 54-55 **Alamy Images:** Living Levels Photography. 55 Alex Wild/myrmecos. net: (cd). 56-57 Nicky Bay. 57 Nicky Bay: (cd). 58-59 Nicky Bay. 59 Nicky Bay: (cd). 60 Corbis: Ingo Arndt/Minden Pictures (ci). 60-61 Lukas Jonaitis. 62-63 Igor Siwanowicz. 62 Corbis: Solvin Zankl/ Visuals Unlimited (cdb). naturepl.com: Kim Taylor (cd). **Arto Hakola (cdb); Xunbin Pan (cda). Corbis:** Mark Moffett/Minden Pictures (bd). **Dorling Kindersley:** Thomas Marent (sd). 64 Kurt- orionmystery.blogspot.com: (ci). 64-65 Kurt- orionmystery.blogspot. com. 66-67 Science Photo Library: Dr. Harold Rose. 67 Hisako Ricketts: (cd). 69 SuperStock: Minden Pictures (si). 70 Science Photo Library: Barbara Strnadova (c). 70-71 Masterfile: Minden Pictures. 74-75 National Geographic Creative. 75 Alamy Images: Greg C. Grace (cd). 76 Alamy Images: Museo de Historia Natural (ci). 76-77 SuperStock: Biosphoto. 77 naturepl.com: Simon Colmer (sc). **Science Photo Library:** AMI Images (bc). 78 Alamy Images: Bob Gibbons (cdb). **Warren Photographic Limited:** (bc). 79 Nicky Bay. 80 Dreamstime.com: Earlydawnphotography (cib). **Jurgen Otto:** (bd). **Warren Photographic Limited:** (ci). 80-81 123RF.com: Noppharat Prathumthip. 81 Alan Henderson: (sc). 82-83 Thomas Shahan. 84-85 naturepl.com: Rolf Nussbaumer. 85 FLPA: Cisca Castelijns, NiS/Minden Pictures (cd). 86 Corbis: Nicky Bay/National Geographic Creative (cib). 86-87 Dreamstime.com: Sergej Kondratenko. 87 123RF.com: Song Qiuju (sd). **Ashok Captain:** (c). 88-89 Roy Anderson. 89 naturepl.com: Kim Taylor (cd). 90-91 Svatoslav Vrabec. 92 Science Photo Library: Eye of Science (si, bc); Steve Gschmeissner (sc). 92-93 Science Photo Library: Eye of Science (c). 93 Science Photo Library: John Walsh (sd). 94 Corbis: Jef Meul/NiS/Minden Pictures (ci). 94-95 Corbis: Jef Meul/NiS/Minden Pictures. 96-97 Nicky Bay. 97 Corbis: Paul Starosta (cdb). 98 Alamy Images: dpa picture alliance (ci). 99 Science Photo Library: Power and Syred (sd); Steve Gschmeissner (cdb). 100-101 Alamy Images: Brian Hewitt. 104 Nicky Bay: (ci). 104-105 OceanwideImages.com. 106 naturepl.com: Rod Clarke/John

Downer Produ (bc). 106-107 Nicky Bay. 107 naturepl.com: Alex Hyde (sd). **Science Photo Library:** Alex Hyde (ca). 108-109 Thomas Shahan. 109 **Dreamstime.com:** Stig Karlsson (cd). 110-111 FLPA: Â © Biosphoto, Roger Dauriac/Biosphoto. 111 Getty Images: Amanda Sweet/EyeEm (c). 112-113 Nicky Bay. 114-115 Corbis: Alex Hyde/ Nature Picture Library. 115 Alamy Images: Life on white (bc); Nature Picture Library (si). **Igor Siwanowicz:** (cb, c, ca, sc). 116 Photoshot: James Carmichael Jr (ci). 116-117 John Flannery. 118-119 FLPA: Photo Researchers. 119 naturepl.com: Barry Mansell (cd). 120 Corbis: Michael Durham/Minden Pictures (ci). 120-121 FLPA: Chien Lee/Minden Pictures. 122 123RF.com: Christian Musat (ci). 122-123 Corbis: Wouter Pattyn/Buiten-beeld/Minden Pictures. 124-125 Alamy Images: Robert Shantz. 125 Alamy Images: Robert Hamm (cd). 127 **Dreamstime.com:** Artjazz (bd). 128-129 FLPA: ImageBroker. 130-131 Robert Suter. 131 Alamy Images: Hemis (cd). 132 Alamy Images: Robert HENNO (ci). 132-133 Igor Siwanowicz. 133 **Dreamstime.com:** Catalinc (cdb). **Jan Hamrsky:** (cb); 134-135 Alex Wild/ myrmecos.net. 135 D. Magdalena Sorger: (cd). 136 Photoshot: NHPA (ci). 137 Science Photo Library: Museo de Historia Natural, Londres (cdb). **V.Trailin:** (cda). 140 FLPA: Konrad Wothe/Minden Pictures (ci). 140-141 Ireneusz Irass Waledzik. 142 Dreamstime.com: Tzooka (ci). 142-143 Igor Siwanowicz. 143 Alamy Images: imageBROKER (bc/ Burnet moth). **FLPA:** Photo Researchers (bd). **Getty Images:** Danita Delimont (bi). **Mark Moore, Moore Live Images:** (sd). **Science Photo Library:** Dr. Jeremy Burgess (bc). 144 Alamy Images: Photosampler (cdb); Scott Camazine (ci). 144-145 MacroscopicSolutions. 145 **Corbis:** David Scharf (sc). **Science Photo Library:** Cloud Hill Imaging Ltd. (cdb); Museo de Historia Natural, Londres (cda); Power and Syred (bd). 146 Alex Wild/ myrmecos.net: (ci). 146-147 Alex Wild/ myrmecos.net. 147 Alamy Images: age fotostock (sd). **Michael Doe:** (si). **Rodrigo Viveros Agusto:** (cdb). **SuperStock:** Animals Animals (cda). **W. Wuster:** (bd). 148 Science Photo Library: Steve Gschmeissner (ci). 149 Alamy Images: Stocktrek Images, Inc. (cdb). **Warren Photographic Limited:** (bd). 150 naturepl.com: Daniel Heuclin (c). 150-151 naturepl.com: Daniel Heuclin. 152 Alex Wild/ myrmecos.net: (ci). 152-153 123RF. com: Mr.Smith Chetanachan. 153 FLPA: Gerard Lacz (sc/cucaracha gigante de Madagascar). **Masterfile:**

Minden Pictures (sc). **Nicky Bay:** (cdb, sd). 156 Photoshot: M I Walker/NHPA (cib). 156-157 naturepl.com: Alex Hyde. 157 Alamy Images: Museo de Historia Natural (si). **FLPA:** Jeremy Early (sd). 158 SuperStock: imageBROKER (ci). 158-159 Svatoslav Vrabec. 161 David Gould/naturespot.org.uk: (bc). **Dreamstime.com:** Nolte Lourens (bi). 162-163 Mark Leppin. 163 Ron Hay, Greater Napanee, Canada- www. megapixeltravel.com: (cd). 164 Corbis: Peter Johnson (cib); Radius Images (c). 165 Corbis: Anthony Bannister/Gallo Images (bd). **Getty Images:** Mark Moffett (sc). 166-167 Corbis: Ch'ien Lee/Minden Pictures. 168 Getty Images: arlindo71 (ci). 168-169 Hubert Polacek. 170 Alamy Images: Phil Degginger (cib). **Ardea:** Steve Hopkin (ci). 170-171 Dreamstime.com: Isselee. 171 Corbis: Paul Starosta (cda). 172-173 Alex Wild/myrmecos.net. 174 Getty Images: Mark Moffett (ci). 174-175 Ardea: Karl Terblanche. 176 Alamy Images: imageBROKER (ci). 176-177 Getty Images: Robert F. Sisson. 178 Alamy Images: Paul R. Sterry/Nature Photographers Ltd (bi). **Peter Eeles/UK Butterflies:** (c). 178-179 Corbis: Michel Gunther/Copyright : www.biosphoto. com/Biosphoto. 179 Ardea: John Mason (ca). **National Geographic Creative:** (c). 181 Corbis: Christophe Loviny (bc). **Getty Images:** baobao ou (sc). 182-183 Photoshot: K. Wothe. 183 Dreamstime. com: Ryszard Laskowski (cd). 185 Judy Gallagher: (sd). 186-187 Dusan Beno. 188-189 Corbis: Mark Moffett/Minden Pictures. 189 Robert Harding Picture Library: Konrad Wothe (cd). 191 The American Association for the Advancement of Science: Steve Rogers (cia); Tom Fayle (sc). **Warren Photographic Limited:** (bc). 192-193 naturepl.com: Mike Potts. 194-195 Nicky Bay. 195 **Getty Images:** David Chambon Photographie (cd). 196-197 Rex Shutterstock: F1 Online. 197 Nicky Bay: (c). 198 Alamy Images: Jim Lane (ci). 198-199 Alex Wild/myrmecos.net. 199 Alamy Images: B. Mete Uz (bc, bc/ Breaking Out). **Corbis:** Mitsuhiko Imamori/Minden Pictures (bd). 200-201 Thomas Marent. 202-203 naturepl.com: Nature Production. 204 Corbis: Alex Hyde/Nature Picture Library (td). 206 Alamy Images: Living Levels Photography (sd). **FLPA:** Â © Biosphoto, Roger Dauriac/Biosphoto (sc); ImageBroker (esd). 208 SuperStock: Minden Pictures (sd).

Resto de las imágenes © Dorling Kindersley

Para más información ver:
www.dkimages.com

hábitats (continuación)
bajo tierra 45, 52, 94, 97, 198
casas 86, 99, 131, 150, 152
cuevas 52, 87, 99, 153
desiertos 9, 45, 59, 125, 147, 174-175, 191
humedales 37, 57, 106, 176
jardines 78, 85, 94, 104, 142, 146, 168, 170, 184
matorrales 29, 59, 98, 104
páramos 144
pastizales 21, 29, 37, 45, 59, 75, 78, 85, 94, 97, 111, 125, 136, 142, 144, 150, 158, 160, 165, 168, 170, 184, 189
selvas 25, 26, 32, 49, 55, 63, 64, 70, 115, 183, 189
zonas boscosas 21, 29, 30, 37, 41, 42, 52, 60, 62, 69, 75, 78, 85, 94, 104, 106, 120, 131, 135, 136, 142, 144, 146, 150, 153, 158, 163, 168, 170, 184, 189, 195, 198

hibernación 176
hormigas 167, 168, 178, 179
  legionarias 182-183
  de mandíbulas trampa 134-135
  melíferas 44-45
  podadoras 188-189
huevos 21, 52, 87, 92, 93, 106, 144
  de arácnidos 59, 98, 99, 104, 122, 125, 131, 144, 146, 176, 195
  de insecto 7, 13, 16, 30, 32, 34, 41, 45, 47, 49, 57, 60, 62, 67, 75, 77, 79, 85, 114, 120, 124, 140, 146, 148, 150, 152, 153, 158, 161, 164, 178, 180, 189, 190, 197, 198, 199, 202, 203
humanos 10, 140, 144, 145, 146, 147, 148, 149, 150, 170

I
insectos 6, 7, 8-9, 10, 11, 12, 13, 16-17, 53, 78, 79, 142, 168, 170, 180, 202
  antiguos 6, 197
  el más grande 48-49
  el más largo 42
  el más peligroso 149
  el más pequeño 66-67
  el más pesado 30
  el más plano 64-65
  el más rápido 88-89
  el de vida más corta 196
  ver también abejas; avispas; chinches; chinches acuáticas; cucarachas; efímeras; escarabajos; gorgojos; hormigas; langostas; mantis; mariposas; moscas; mosquitos; polillas; pulgones; termitas
insectos hoja 40-41
insectos palo 42-43
insectos voladores 12, 51, 55, 66-67, 69, 75, 78, 79, 85, 94, 97, 120, 125, 126, 129, 132, 140, 148, 191
invertebrados 8, 9

L
langostas del desierto 16-17, 190-193
larvas 13, 16, 36, 49, 63, 64, 67, 78, 79, 156, 157, 158, 161, 163, 173, 179, 180, 183, 184, 197
lenguas 68, 69, 84, 85, 171, 178
libélulas 6, 13, 17, 109, 126-127, 129
luciérnagas 36-39

M
mandíbulas
  arácnidos 29, 145
  insectos 9, 31, 36, 43, 64, 91, 114, 126, 132, 134, 135, 142, 180, 182, 187, 189, 191
mantis 114-115
mariposas
  alas de cristal 54-55
  alas de pájaro 32-33
  hormiguera de lunares 178-179
  monarca 16-17, 74-75
  morfo 26-27
miel 170, 171, 173
migración 55, 74-75, 85, 183
milpiés 10, 22-23
mimetismo 7, 36, 40, 41, 42, 60, 61, 79, 115, 179
  ver también ciempiés; milpiés
miriápodos 10
moscas 56-57, 78-79, 109, 140-141, 188
  de las flores 78-79, 123
  hada 66-67
mosquitos anófeles 148-149
muda 16-17, 30, 34, 132, 152, 199
músculos 8, 9, 25, 48, 76, 77, 79, 98, 107, 135, 136, 148, 190, 198, 199

N O
nadador de espalda 13
nervios 8, 37, 98, 137, 181, 191
nidos 44-45, 77, 80, 94, 156, 157, 164-165, 170, 179, 183, 184-185, 189
ninfas 17, 77, 97, 144, 153, 197, 198, 199, 201
obreras 44, 45, 94, 95, 164, 165, 167, 170, 75, 78, 79, 85, 94, 97, 120, 125, 126, 129
ojos 8, 9, 29, 36, 56, 57, 79, 81, 83, 86, 91, 104, 109, 114, 126, 131, 132, 136, 157, 171, 178, 180, 187, 196, 198
olor 9, 21, 27, 29, 33, 47, 48, 144, 158, 189
orugas 16
  de mariposa 16, 27, 32, 55, 75, 178-179
  de polilla 7, 13, 47, 60, 69, 85, 142-143, 180-181
ovipositores 120, 156

P
palpos 52, 53, 132, 147, 148, 191, 195
parásitos 144, 156
patas 9, 34, 63, 99, 140, 168
  de arácnidos 6, 25, 29, 58, 80, 81, 98, 122, 146, 149
  de gusanos aterciopelados 106, 107
  de insectos 9, 13, 34, 41, 49, 63, 71, 77, 96, 109, 116, 126, 127, 132, 133, 156, 160, 171, 198, 202
  de miriápodos 52, 86, 87
patinadores de agua 34-35
pelos 15, 24, 27, 34, 63, 66, 99, 133, 143, 170
peso 25, 30, 45, 48, 49, 152, 165
pinzas 11, 29, 136, 137
plagas 62, 63, 152, 190, 193
polillas
  emperador 46-47
  esfinge colibrí 84-85
  esfinge de Morgan 68-69
  polilla avispa 60-61
  seda 180-181
  de Vapourer 7
polinizadores 7, 68, 79, 95, 170
pulgas 77
pulgones del guisante 168-169
pupas 16, 17, 149, 161, 163, 179, 181, 184

Q R
quitina 8, 9, 12, 20, 48, 107, 132, 156
reinas 44, 46, 94, 164, 165, 170, 171, 179, 183, 184, 187, 189
reproducción 98, 144, 146, 153, 168, 183, 196, 199
respiración 53, 132, 137, 145, 149, 176

S T
saliva 35, 53, 98, 109, 116, 141, 148, 149, 150, 191, 202
saltamontes 13, 111, 190-191
saltar 76, 77, 80, 81, 83
seda 10, 52, 80, 81, 99, 100, 104, 111, 119, 146, 180-181
segadores 28-29
sensibilidad al calor 144, 148, 150
soldados 164, 165, 167, 182, 183, 188
tardígrados 92-93
telas 81, 98, 99, 100, 104, 105, 111, 113, 146
termitas 164-167
torito del encino 7

V W Z
atraer pareja 33, 47, 48, 49, 57, 63, 80, 115, 195
velocidad 21, 35, 55, 79, 87, 89, 98, 119, 126, 140, 183
veneno 8, 10, 11, 15, 24, 53, 80, 86, 98, 100, 105, 109, 116, 118, 123, 124, 131, 137, 142, 143, 146, 147, 176, 187
vinagrillo 58-59
vinchucas 150-151
vista
  de los arácnidos 81, 83, 104
  de los ciempiés 86
  de los insectos 57, 91, 114, 126, 187
weta gigante 30-31
zapadores 12, 21, 23, 25, 49, 59, 60, 63, 71, 97, 119, 137, 146, 157, 160, 161, 199

ÍNDICE

A

abejas 94-95, 117, 157, 170-173
ácaros 145
aguijones 11, 16, 94, 125, 135, 136, 137, 184
alas 6, 12, 17, 26, 32, 51, 55, 60, 66, 77, 78, 85, 94, 129, 170, 171, 191, 197, 199, 201
alimentarse 45, 76, 92, 109, 132, 141, 144, 149, 150, 158, 187, 190
anestésico 145, 150
antenas 12, 13, 27, 36, 46, 47, 48, 52, 60, 64, 79, 86, 88, 106, 107, 120, 127, 132, 148, 153, 157, 159, 171
arácnidos 144
  ver también arañas; escorpiones
arañas 10, 17, 98-99, 147
  de agua 176-177
  balsa 14-15
  bananera 147
  cangrejo 122-123
  doméstica gigante 98-99, 100
  escupidora 131
  Goliat 24-25
  lanzadora de tela 104-105
  lobo 194-195
  más grande 24-25
  orbitelar 111
  pavo real 80
  reclusa chilena 147
  saltadora 80-83
  sicario 147
  de Sidney 146-147
  tarántulas 25, 124
  tigre 110, 111, 113
  de trampilla 118-119
  viuda negra 147
artrópodos 8, 9, 10-11, 16
microscópicos 92-93
nocturnos 25, 29, 31, 36, 41, 43, 52, 58, 59, 64, 68, 69, 70, 86, 104, 106, 107, 109, 119, 131, 132, 136, 146, 149, 150, 153, 158, 161, 174
tropicales 21, 25, 26, 28, 32, 41, 45, 49, 52, 55, 63, 69, 70, 106, 115, 135, 136, 142, 148, 150, 153, 180, 183, 189

B

baba 106, 107, 164
balancines 79

C

camuflaje 7, 27, 40-41, 42, 63, 69, 81, 104, 114-115, 122, 147, 157, 195
cazadores 15, 25, 52, 81, 86, 89, 91, 104, 106, 109, 122, 126, 129, 132, 137, 183, 185, 187, 195, 202
cerebro 9, 98, 136, 137
chicharritas 76-77
chinches 9, 35, 76, 116, 198-199
asesinas de abejas 116-117
cigarra periódica 198-199, 201
ciclos vitales 16-17, 36, 149, 163, 179, 181, 184
ciempiés 10, 52-53, 86-87
cochinillas 10
colmillos 8, 9, 24, 52, 98, 118, 123, 131, 133, 146, 147
colonias 29, 39, 44, 45, 94, 135, 164-165, 167, 170, 171, 173, 178, 179, 183, 185, 188-189
colores 7, 26, 63, 70, 78, 80, 156, 157
de alerta 22, 27, 125, 142
cambiantes 41, 122, 191
iridiscencia 26, 33, 63, 88, 156
metálicos 26, 70
comida ver dieta
comunicación 30, 49, 97, 150, 198, 199
corazón 8, 99
crecimiento 16-17, 23, 30, 34, 47, 48, 60, 64, 79, 152, 157, 161, 180, 181, 197, 199
crustáceos 10

D

cucarachas 152-153
cuernos 48, 49, 51, 142
danza de las abejas 171
defensas 42, 94, 168, 176, 184, 195, 202
armadura corporal 9, 12, 20, 22, 48, 70, 152, 156
colores y dibujos 22, 27, 47, 125, 142
olor 22, 26, 42, 64, 150
pelos 27, 124
postura defensiva 59, 114, 115, 146
rociar 20, 21, 59, 133, 167, 174
sabor tóxico 32, 36, 55
sonido 30, 150
dieta
animales 21, 25, 31, 35, 36, 45, 52, 57, 59, 64, 67, 78, 87, 89, 97, 99, 104, 106, 109, 111, 115, 116, 119, 120, 122, 125, 126, 131, 133, 135, 136, 157, 158, 163, 183, 184, 195, 202
árboles 60, 62
hojas 27, 30, 41, 42, 47, 62, 69, 70, 75, 85, 124, 180, 191
ligamaza 67
néctar 32, 45, 55, 67, 68, 75, 78, 85, 94, 120, 125, 149, 156, 170, 178, 184
plantas en descomposición 21, 27, 49, 57, 78
polen 94, 95, 157
raíces 97
sangre 9, 77, 144, 150
savia 7, 9, 76, 77, 120, 168, 189, 198, 199

E

efímeras 196-197
élitros 12, 20, 37, 49, 64, 133
enfermedades 7, 11, 140, 144, 148, 149, 150
enjambres 29, 143, 165, 182, 191, 193, 199
escarabajos
bombardero africano 20-21
buceador 132-133
enterrador 158-159
estercolero 160-161
Goliat 48, 49
borgojos 7, 62-63
Hércules 48-51
luciérnaga 36-39
de oro 70-71
plano de la corteza rojo 162-163
de San Juan 12-13
tenébrido 174-175
tigre verde 88-91
titán 48, 49
violín 64-65
escorpiones 11, 17
emperador 136-137
dorado africano 137
látigo 58-59
espinas 114, 132, 142, 143
evolución 7, 21, 41, 107, 167
exoesqueletos 7, 8, 16, 17, 53, 106, 156

F

feromonas 47, 171
flores 32, 68, 69, 79, 85, 95, 122, 171
fluorescencia 137
fósiles 6, 29

G

garrapatas 144-145
garras 9, 34, 59, 63, 86, 93, 99, 107, 115, 180, 199
borgojos 7, 62-63
grillos 30-31, 96-97, 111
gusanos aterciopelados 106-107
gusanos de luz 36
gusanos de seda 180, 181
gusto 32, 36, 55, 132, 140, 191

H

hábitats
agua 15, 67, 34, 126, 132-133, 149, 176, 197, 202

MICROBIO
Ser vivo microscópico.

MIGRACIÓN
Movimiento de población de un lugar a otro. Muchos animales migran en ciertos momentos del año para encontrar climas más cálidos, más comida o las condiciones adecuadas para reproducirse.

MIRIÁPODO
Animal con nueve o más pares de patas, como un ciempiés o un milpiés.

MOLÉCULA
Minúscula partícula de algo formada por un número fijo de átomos.

MUDA
Cuando un artrópodo se deshace de su cutícula. La nueva y blanda cutícula subyacente se expande y se endurece. Esto permite al animal crecer, lo cual es imposible en un envoltorio rígido. Un animal puede tener varias mudas.

NÉCTAR
Líquido dulce producido por las flores para atraer animales.

NINFA
La forma inmadura de un insecto que es similar al adulto pero sin alas. Las ninfas mudan de piel varias veces antes de alcanzar la madurez.

NOCTURNO
Que está activo de noche, como polillas, luciérnagas, cucarachas, mosquitos y arañas.

NUTRIENTES
Sustancias que se encuentran en los alimentos que los seres vivos usan para obtener energía y para crecer.

OBRERA
Un miembro no reproductor de una colonia de insectos, normalmente hembra. Las obreras realizan tareas especializadas como recolectar comida y construir nidos.

OCELOS
Ojos simples que sirven para detectar la intensidad de la luz.

OJOS COMPUESTOS
Los ojos principales de los insectos adultos y de otros animales, hechos de cientos de elementos, cada uno con su propia lente.

OVIPOSITOR
Tubo o cuchilla hueca que sirve para poner huevos.

PALPOS
Miembros cortos junto a la boca para manipular la comida.

PARÁSITO
Ser vivo que vive en el cuerpo de otro organismo y que se alimenta de él sin matarlo.

POLEN
Granos minúsculos producidos por las flores. Contienen las células masculinas necesarias para fertilizar las células femeninas y hacer que se conviertan en semillas.

POLINIZACIÓN
Proceso de transmisión del polen a las estructuras femeninas de una flor. Muchos insectos son útiles polinizadores.

PRESA
Animal devorado por otro.

PROTEÍNA
Compuesto orgánico basado en el nitrógeno. Son esenciales para todos los organismos vivos y se usan para producir enzimas y tejidos corporales.

PUPA
Fase del ciclo vital de algunos insectos en la que la larva (por ejemplo, una oruga) se transforma en adulto (una mariposa).

QUELÍCEROS
Las partes bucales en forma de mandíbula de una araña, escorpión o arácnido.

QUITINA
La sustancia que forma el duro esqueleto externo de un artrópodo.

REINA
Hembra ponedora en una colonia de insectos sociales como abejas u hormigas. La reina es más grande y longeva que sus compañeras.

SALIVA
Fluido producido por las glándulas salivales que comienza el proceso de la digestión.

ORUGA
La forma blanda, áptera e inmadura de una mariposa o polilla.

SEDA
Material elástico y suave producido por las arañas para construir telas y por algunos insectos para formar capullos.

SELVA
Bosque de una zona cálida del mundo donde llueve mucho.

SUBTROPICAL
Se dice de zonas donde el clima no es tan cálido como en las regiones tropicales, pero es más cálido que en las zonas templadas.

TEJIDO
En un animal o planta, un conjunto de células que juntas forman material vivo como músculo o piel.

TÓRAX
Parte central del cuerpo de un insecto, al que están unidas las patas y las alas.

TOXINA
Veneno.

TRÁQUEA
Red de tubos que llevan aire a los músculos y órganos del cuerpo.

TROPICAL
Se dice de una región cercana al Ecuador. Un clima tropical suele ser muy cálido y húmedo.

TUBOS DE MALPIGHI
Pequeños tubos que recogen sustancias de desecho de los fluidos corporales de los artrópodos.

Abreviaturas utilizadas en el libro

/	por (así, por ejemplo, km/h significa kilómetros por hora)
°C	grados centígrados
cm	centímetro
dB	decibelios
g	gramos
kg	kilogramos
km	kilómetros
m	metros
min	minutos
mm	milímetros
s	segundos

GLOSARIO

ABDOMEN
La parte posterior del cuerpo de un animal, que contiene el sistema digestivo.

ACUÁTICO
Qué vive en el agua. Son acuáticos, por ejemplo, los escarabajos acuáticos y las arañas de agua. Algunos insectos, como la libélula, son acuáticos en sus fases tempranas pero vuelan cuando son adultos.

ANESTÉSICO
Una sustancia que adormece el dolor. Algunos insectos lo inyectan al picar para que la víctima no lo sienta y no pueda defenderse de ellos.

ANTENAS
Dos largos y móviles órganos sensoriales para detectar movimiento y sustancias químicas en el aire.

ARÁCNIDO
Animal como las arañas o los escorpiones, con aparato bucal en forma de pinzas y cuatro pares de patas.

ARTRÓPODO
Un animal con esqueleto externo, patas articuladas y sin espina dorsal. Algunos artrópodos son los insectos, las arañas y los crustáceos como los cangrejos.

BALANCINES
Diminutos órganos que poseen todas las moscas. Los baten al mismo tiempo que las alas y ayudan al insecto a mantener el equilibrio durante el vuelo.

BUCHE
Parte del aparato digestivo, usado para almacenar comida que se acaba de tragar.

CAMUFLAJE
Colores o formas que hacen que algo sea difícil de distinguir del entorno. El camuflaje de algunos animales los protege contra los depredadores pero también puede ocultar a un cazador. Algunos insectos se parecen a las hojas, flores o ramitas en las que viven.

CAPULLO
Un envoltorio protector hecho por un animal, normalmente con seda.

CARROÑA
La carne muerta y podrida de un animal, una importante fuente de alimento para muchos artrópodos.

CHAPARRAL
Área de tierra donde hay una mezcla de arbustos y hierbas.

CHINCHE
Grupo de insectos que poseen piezas bucales para clavarse y chupar.

CICLO VITAL
Etapas que atraviesa un animal hasta ser un adulto capaz de reproducirse.

COLMILLOS
Estructuras afiladas y huecas, con una forma parecida a los dientes. Muchos artrópodos, como las arañas, inyectan veneno con sus colmillos para matar o paralizar a sus presas.

COLONIA
Grupo de animales u otros organismos que viven juntos. Las hormigas y las abejas viven en grandes colonias.

CORTEJO
Comportamiento diseñado para atraer la atención de una pareja reproductora, como por ejemplo mostrar alas de vivos colores.

CUTÍCULA
La piel protectora externa de un artrópodo. Normalmente está hecha de un material resistente y forma un exoesqueleto.

DEPREDADOR
Animal que mata a otros animales para alimentarse.

ELITROS
Alas anteriores adaptadas que forman las resistentes fundas de las alas posteriores en los escarabajos.

ENZIMA
Proteína que acelera una reacción química, como las enzimas digestivas que una araña inyecta en sus presas para disolver los tejidos corporales.

ESPECIE
Agrupamiento científico de animales que se parecen y que pueden aparearse unos con otros para tener descendencia. Los animales de especies diferentes no pueden aparearse.

ESPIRÁCULOS
Agujeros respiratorios en el exoesqueleto de un artrópodo por el que toman aire y expelen dióxido de carbono.

ESTILETE
Fina y afilada cuchilla que forma parte del aparato bucal de algunos artrópodos y que se usa para atravesar.

EXOESQUELETO
El duro esqueleto externo de animales como los insectos. También llamado cutícula.

FEROMONA
Aroma especial que transmite un mensaje a otros animales de la misma especie. Puede usarse para marcar un camino o para el apareamiento.

FERTILIZAR
Unir células masculinas y femeninas para que se conviertan en semillas o huevos. Muchos insectos desempeñan un importante papel en la fertilización de las plantas al transportar polen de las partes masculinas de las flores a las femeninas.

FORCÍPULAS
Miembros delanteros de los ciempiés, afilados y en forma de garras, con los que inyectan veneno y matan a sus presas.

FÓSIL
Los restos o la huella de un ser vivo que sobrevive a la descomposición y queda preservado en piedra.

GLÁNDULA
Un pequeño órgano en el cuerpo que libera una sustancia química, como hormonas, saliva o seda.

HÁBITAT
Lugar donde vive la vida salvaje.

HIBERNAR
Permanecer inactivo, como dormido. Muchos artrópodos tienen un periodo de hibernación en su etapa de desarrollo. Esto ahorra energía y los ayuda a sobrevivir en climas muy fríos o secos.

HILERA
Órgano en el cuerpo de un artrópodo que produce seda. Las arañas tienen varias hileras.

INSECTO
Artrópodo que posee tres pares de patas cuando es adulto y a menudo tiene uno o dos pares de alas.

INVERTEBRADO
Animal que no tiene un esqueleto articulado interno.

IRIDISCENTE
Qué brilla con colores creados por el sol reflejado en una textura superficial. El efecto se ve en las alas de una mariposa o en un escarabajo brillante.

LARVA
La forma inmadura de un insecto, que tiene un aspecto muy diferente al adulto. Las mariposas y polillas, las moscas y los escarabajos tienen larvas.

LIGAMAZA
Sustancia dulce y pegajosa producida por algunos insectos que se alimentan de savia vegetal.

MANDÍBULAS
Estructuras afiladas para morder y masticar.

MEMBRANA
Fina capa de material, como el ala de un insecto volador.

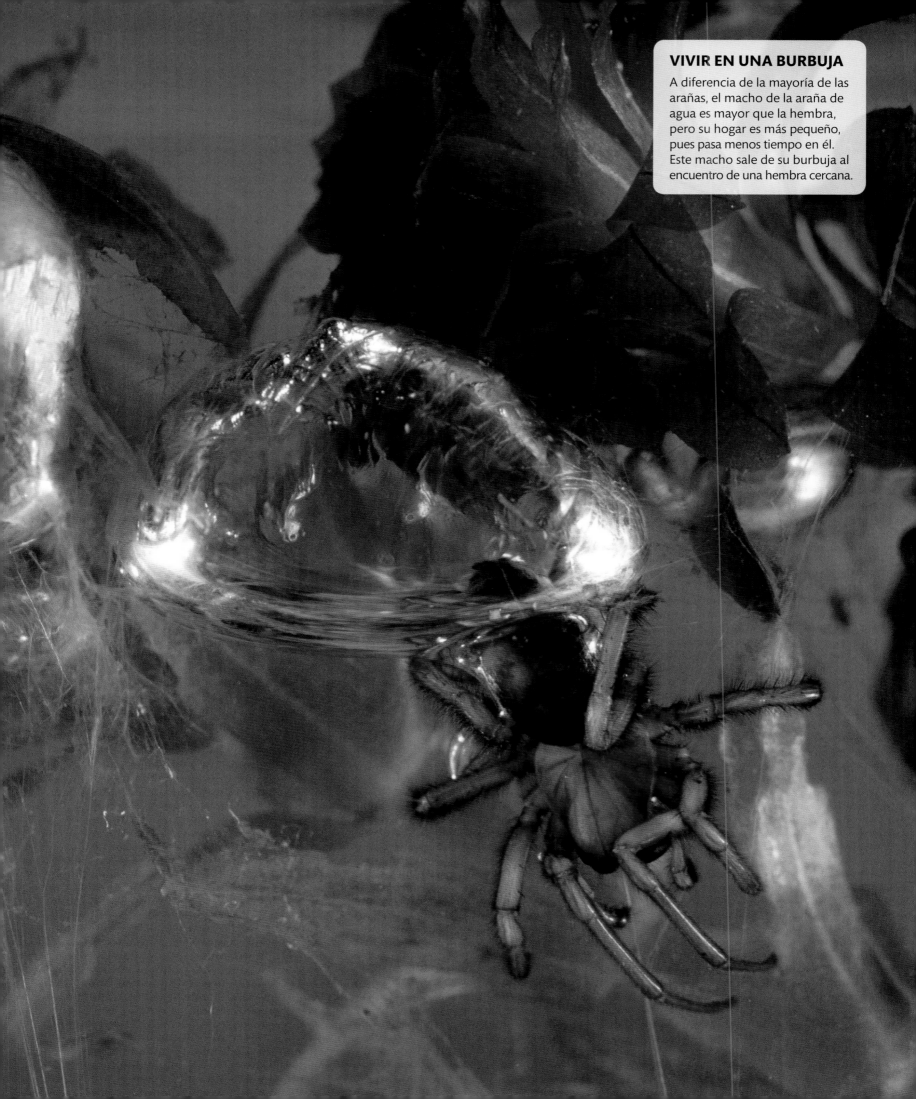

VIVIR EN UNA BURBUJA

A diferencia de la mayoría de las arañas, el macho de la araña de agua es mayor que la hembra, pero su hogar es más pequeño, pues pasa menos tiempo en él. Este macho sale de su burbuja al encuentro de una hembra cercana.

ORUGA ASESINA

MARIPOSA HORMIGUERA DE LUNARES

Algunas mariposas tienen un oscuro secreto. Los adultos se alimentan inocentemente de néctar, pero su vida como larvas la pasan comiéndose a otros insectos. La hormiguera de lunares es una de las muchas especies que se alimentan de hormigas. La oruga engaña a un tipo particular de hormiga roja para que se la lleve al hormiguero. Allí pasa meses devorando indefensas larvas de hormiga y después emerge a la luz del sol como una alada mariposa.

Cuando tiene las alas plegadas, el azul brillante del interior queda oculto.

LOS PRIMEROS DÍAS

La mariposa hembra pone cada uno de sus huevos en una planta de tomillo. La pequeña oruga se alimenta de tomillo durante tres semanas y después se deja caer al suelo y segrega un líquido azucarado con la esperanza de que una hormiga la transporte a su hormiguero.

Las largas antenas a rayas oscuras detectan movimientos de aire y aromas en la brisa.

DE UN VISTAZO

- **TAMAÑO** Envergadura de hasta 5 cm
- **HÁBITAT** Laderas soleadas con hierba corta y mucho tomillo
- **LOCALIZACIÓN** Europa y norte de Asia
- **DIETA** La oruga come tomillo y larvas de hormiga; el adulto liba néctar

Los grandes ojos compuestos le permiten encontrar una pareja.

La lengua tubular se desenrolla para libar el néctar de las flores.

IMPOSTORA

La oruga engaña a las hormigas al actuar como una de sus larvas. También segrega sustancias que imitan el olor de una larva de hormiga y produce sonidos como los que hace la hormiga reina. Las hormigas, engañadas, cuidan a este huésped asesino.

TRANSPORTADA

Cuando la oruga ha atraído a una hormiga con su dulce secreción, comienza a comportarse como una larva de hormiga. Esto hace que la hormiga recoja a la oruga asesina y se la lleve a su nido.

HUÉSPED LETAL

Una vez en el hormiguero, la oruga se transforma en un voraz depredador, atrapando y devorando larvas de hormiga. Después de nueve meses, la oruga se convierte en una crisálida, de la que emergerá una mariposa que saldrá del hormiguero.

Unas escamas diminutas dotan a las alas de sus colores y dibujos.

«Necesitan una especie de hormiga para sobrevivir.»

Belleza alada

La hormiguera de lunares adulta es una bella mariposa que vive en pequeñas colonias y raramente vuela muy lejos de donde nació como oruga. Solo vive unas pocas semanas, lo suficiente para atraer una pareja y poner huevos.

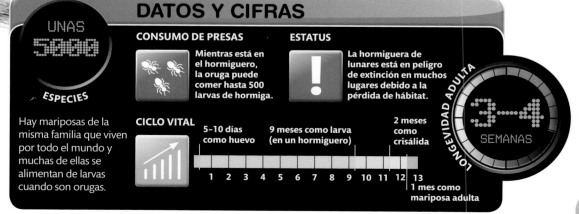

DATOS Y CIFRAS

UNAS 5000 ESPECIES

Hay mariposas de la misma familia que viven por todo el mundo y muchas de ellas se alimentan de larvas cuando son orugas.

CONSUMO DE PRESAS

Mientras está en el hormiguero, la oruga puede comer hasta 500 larvas de hormiga.

ESTATUS

La hormiguera de lunares está en peligro de extinción en muchos lugares debido a la pérdida de hábitat.

CICLO VITAL

5-10 días como huevo	9 meses como larva (en un hormiguero)									2 meses como crisálida		
1	2	3	4	5	6	7	8	9	10	11	12	13

1 mes como mariposa adulta

LONGEVIDAD ADULTA 3-4 SEMANAS

HILANDERAS DE SEDA
GUSANO DE LA SEDA SALVAJE

Todas las polillas y mariposas comienzan su vida como orugas blandas y hambrientas. Con el tiempo, la oruga se convierte en pupa y, después, en adulta. Las pupas están a menudo protegidas por capullos de seda hilada. La mariposa de la seda, en concreto, produce tanta cantidad de esta valiosa fibra que se ha convertido en la base de una enorme industria.

Mudar e hilar

El gusano de la seda salvaje es el ancestro del gusano de la seda doméstico usado por la industria de la seda. La oruga usa sus mandíbulas para comer vorazmente. Crece deprisa y muda su blanda piel cuatro veces antes de hilar el capullo de seda donde se transforma en pupa.

Cerebro

Antena

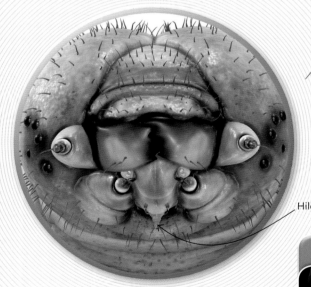

Hilera

La oruga tiene dos conjuntos de ojos pequeños y simples que no ven detalles.

Tiene seis patas verdaderas, cada una con una afilada garra.

NUEVOS HILOS

Muchos insectos y arañas producen seda, pero el gusano de la seda produce más que ninguno. La fabrica con glándulas de seda que tiene dentro del cuerpo y la expulsa (a través de una hilera bajo su boca) en forma de líquido espeso y pegajoso que se solidifica al contacto con el aire y forma dos filamentos que se unen para formar un solo hilo de seda.

DATOS Y CIFRAS

UNAS
150
ESPECIES

Forma parte de una familia de polillas que se encuentran en todo el mundo salvo Europa y es más común en los trópicos.

HUEVOS

Una hembra produce unos 500 huevos en los cinco días que vive antes de morir.

CAPULLO

Una oruga tarda tres días en envolverse en hilo de seda, que tiene unos 2000 m de largo.

CRÍAS

La larva se alimenta sin cesar de hojas de morera hasta alcanzar su tamaño máximo, a los 35 días.

SEDA

Se necesitan unos 1000 capullos de seda para tener tela suficiente para una camisa de seda.

LONGEVIDAD DE LA ORUGA
45
DÍAS

CICLO VITAL

El tejido de seda se hace con la seda del gusano de la seda doméstico, una forma del gusano de la seda salvaje que se cría para producir la máxima cantidad de este hilo. La oruga sale del huevo e inmediatamente comienza a comer hojas de morera, su único alimento. Cuando ha crecido del todo, hace un capullo de seda y, dentro, se transforma en una polilla. Emerge la mariposa, encuentra pareja y la hembra pone más huevos.

Polilla

Capullo

Oruga

Huevos

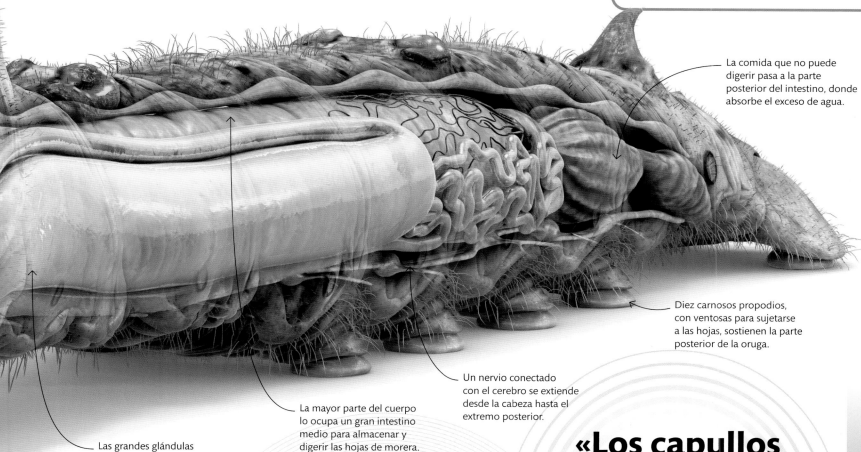

- **TAMAÑO** La oruga puede medir hasta 7,5 cm
- **HÁBITAT** Bosques
- **LOCALIZACIÓN** Este de Asia y Japón
- **DIETA** La oruga come hojas de morera; el adulto no se alimenta

La comida que no puede digerir pasa a la parte posterior del intestino, donde absorbe el exceso de agua.

Diez carnosos propodios, con ventosas para sujetarse a las hojas, sostienen la parte posterior de la oruga.

Un nervio conectado con el cerebro se extiende desde la cabeza hasta el extremo posterior.

La mayor parte del cuerpo lo ocupa un gran intestino medio para almacenar y digerir las hojas de morera.

Las grandes glándulas sedíferas, una a cada lado del cuerpo, producen seda líquida.

ORIGEN DE LA SEDA

Los gusanos de seda domésticos se crían en bandejas donde se alimentan de hojas de morera trituradas. Hilan sus capullos dentro de las bandejas, por lo que es fácil cosecharlos. Después, los capullos se sumergen en agua caliente para ablandarlos, permitiendo así que la seda pueda devanarse en un carrete. Cada filamento es muy fino, por lo que se unen hasta ocho para formar el hilo de seda que se transforma en tejido.

«Los capullos se recolectan por su seda desde hace 5000 años.»

HISTORIAS VITALES

PARTIDA DE ASALTO

Las hormigas legionarias de Sudamérica cazan en enjambres por el suelo de la selva, matando lo que hallan a su paso; pueden consumir hasta 500 000 animales al día. En la imagen, una partida de asalto busca víctimas mientras una hormiga soldado extragrande con enormes mandíbulas vigila.

ENJAMBRES SAQUEADORES

HORMIGAS LEGIONARIAS

Todas las hormigas viven en colonias y, normalmente, construyen nidos. Pero las legionarias son cazadoras y sus colonias son tan grandes que se quedan sin presas y tienen que cambiar de lugar. En vez de construir un nido, las obreras unen sus patas y forman un nido vivo llamado vivac. La reina y las crías viven en él mientras otras obreras buscan comida. Cuando la reina pone huevos, el vivac se queda en aquel lugar, pero en cuanto estos eclosionan, la colonia se pone en marcha de nuevo porque hay que alimentar a las hambrientas larvas.

DE UN VISTAZO

- **TAMAÑO** Las hormigas soldado, hasta 12 mm; las obreras son más pequeñas

- **HÁBITAT** Selvas tropicales

- **LOCALIZACIÓN** Sudamérica

- **DIETA** Principalmente insectos, arañas y a veces lagartos y pequeños mamíferos

DATOS Y CIFRAS

MÁS DE
200
ESPECIES

Hay muchas especies de hormigas tropicales que cazan de la misma manera.

VIDA DE UNA OBRERA

ACTIVIDAD Las hormigas legionarias tienen un ciclo fijo de reproducción y migración.

días	5	10	15	20	25	30	35

Las colonias se trasladan a un lugar distinto cada noche.

La colonia se queda en un lugar mientras la reina pone huevos.

VELOCIDAD

Una partida de asalto se mueve a unos 20 m/h.

ASALTO

La fila del ataque puede medir hasta 100 m de largo y 20 m de ancho.

INSECTOS ARQUITECTOS
AVISPAS PAPELERAS

Muchos animales construyen hogares elaborados e intrincados, pero pocos igualan a la avispa papelera en cuanto a habilidad arquitectónica. Usa papel hecho de pulpa de madera masticada para hacer sus nidos. Cada nido es un conjunto de celdillas con huevos de los que nacen las larvas. Las avispas las alimentan hasta que pupan, tras lo cual se transforman en adultos.

DE UN VISTAZO

- **TAMAÑO** Hasta 22 mm de largo
- **HÁBITAT** Bosques, pastizales con árboles, jardines
- **LOCALIZACIÓN** Centroamérica, el Caribe y sur de Estados Unidos
- **DIETA** Insectos y néctar

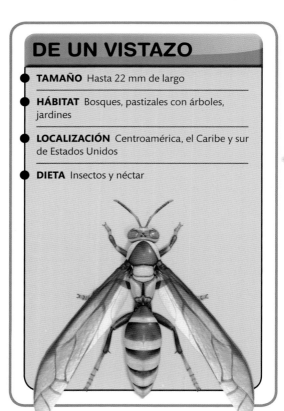

PUPA ESCONDIDA

Las avispas obreras alimentan a las larvas ápodas con insectos masticados. Cuando las larvas han crecido del todo, hilan tapaderas de seda para sellarse en sus celdillas. Se convierten en pupas pálidas y sin alas, que a su vez se transformarán en avispas adultas.

La reina pone un huevo en cada celdilla.

Construir un nido

La avispa reina construye las primeras celdillas del nido y las cuelga de una rama por un fino tallo. Cuando nacen las primeras obreras, se convierten en constructoras y añaden celdillas extra para que la reina ponga más huevos. También recolectan comida y defienden el nido con sus aguijones.

Las larvas de avispa, parecidas a las de la mosca, viven en celdillas abiertas.

DATOS Y CIFRAS

UNAS
1100
ESPECIES

Hay muchas especies de avispas papeleras en todo el mundo. Muchas otras avispas y avispones hacen nidos de papel.

CICLO VITAL

HUEVO	LARVA	PUPA	AVISPA OBRERA ADULTA
13 DÍAS	24 DÍAS	22 DÍAS	38 DÍAS

NIDOS

Cada nido puede tener hasta 500 celdillas en las que la reina pone los huevos.

DEFENSA

Las avispas papeleras pican si se las molesta o si sus nidos están amenazados.

LONGEVIDAD DE LA HEMBRA

1 AÑO

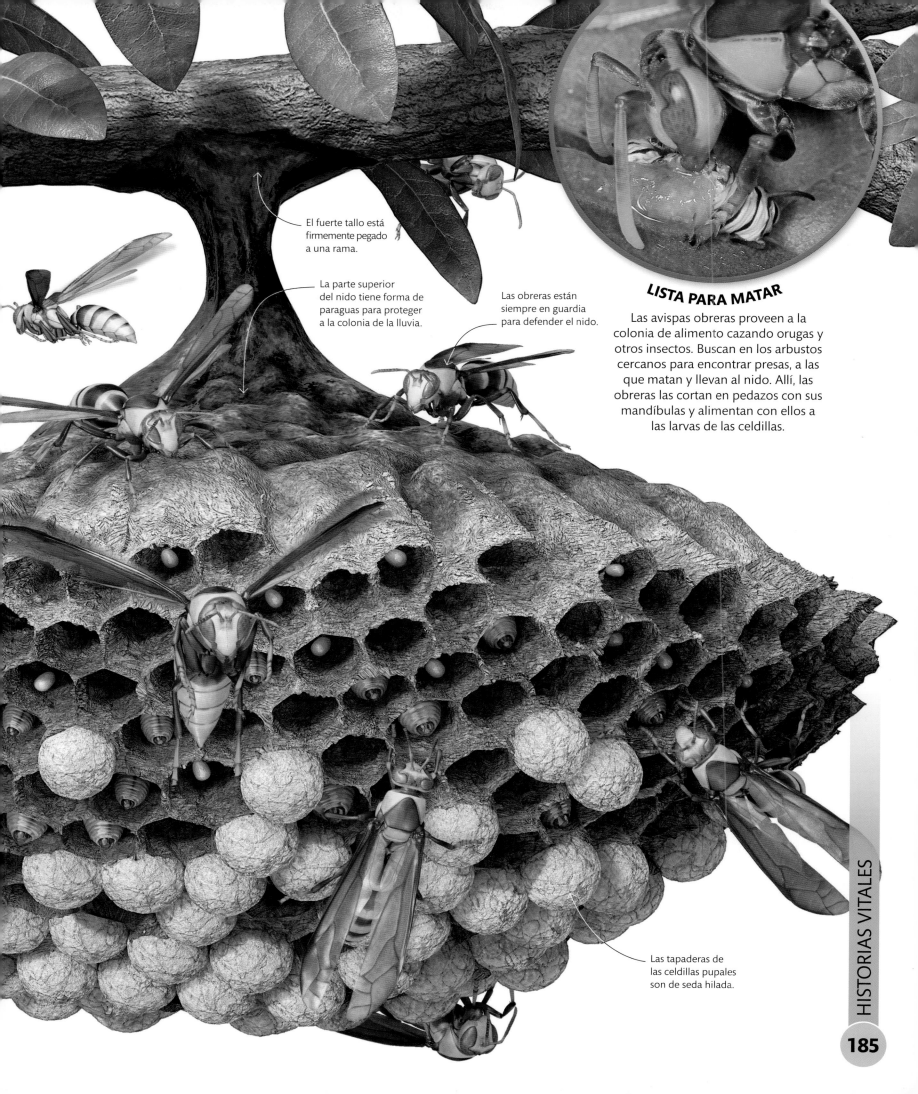

El fuerte tallo está firmemente pegado a una rama.

La parte superior del nido tiene forma de paraguas para proteger a la colonia de la lluvia.

Las obreras están siempre en guardia para defender el nido.

LISTA PARA MATAR

Las avispas obreras proveen a la colonia de alimento cazando orugas y otros insectos. Buscan en los arbustos cercanos para encontrar presas, a las que matan y llevan al nido. Allí, las obreras las cortan en pedazos con sus mandíbulas y alimentan con ellos a las larvas de las celdillas.

Las tapaderas de las celdillas pupales son de seda hilada.

«Las avispas papeleras **atacan** y **pican** a todo aquel o aquello que amenace su nido.»

RASGOS ASESINOS

Con sus grandes ojos compuestos buscan insectos con los que alimentar a su reina y a sus larvas. Están armadas con aguijones venenosos y mandíbulas serradas para matar a sus víctimas y cortarlas en pedazos. Los adultos no comen sólidos, pero cuando dan de comer a sus crías, mastican primero la comida e ingieren parte de los jugos.

LA MAYOR COLONIA

HACIENDO AUTOSTOP

Cuando las hormigas podadoras obreras llevan sus pedazos de hojas a casa, otras más pequeñas viajan sobre ellas y las protegen de enemigos como las moscas parasitarias. Las soldado, más grandes, protegen el hormiguero.

GRANJERAS DE HONGOS
HORMIGAS PODADORAS

En los bosques tropicales de Centroamérica, los árboles están bajo constante ataque de las hormigas podadoras. Estas usan sus afiladas mandíbulas para recortar trozos de hojas y llevarlas a sus nidos subterráneos. Sin embargo, no pueden digerir estos fragmentos de hojas. En lugar de ello, las usan para hacer un lecho de abono en el que cultivar un hongo. Las hormigas se alimentan de este hongo y alimentan a su reina y a sus crías con él. El sistema funciona tan bien que el nido da de comer a millones de hormigas y es tan grande como una casa.

DE UN VISTAZO

- **TAMAÑO** Las obreras miden entre 2 y 14 mm de largo; la reina, 22 mm
- **HÁBITAT** Bosques y claros tropicales
- **LOCALIZACIÓN** Principalmente América Central y del Sur
- **DIETA** Las porteadoras chupan savia; las demás se alimentan de hongos cultivados

DATOS Y CIFRAS

UNAS

47

ESPECIES

Viven solamente en las zonas tropicales y subtropicales de América.

VIDA DE LA REINA

14

AÑOS

HUEVOS

La hormiga reina pone unos 150 millones de huevos durante su vida.

COLONIA

En un nido puede haber hasta 8 millones de hormigas podadoras.

TAMAÑO DEL NIDO

Un nido maduro puede tener hasta 30 m de ancho y 7 m de profundidad.

ESTRATEGIA

Avanzan en largas filas, dejando un olor que después siguen para volver a casa.

DESTRUCCIÓN
LANGOSTA DEL DESIERTO

Ningún insecto es tan destructivo como la langosta del desierto.
Un enjambre puede dejar desnudo de vegetación un campo entero en horas. Pero las langostas no siempre causan destrucción. Normalmente pasan su vida como insectos solitarios e inofensivos. Solo se reúnen en voraces enjambres si se multiplican tan deprisa que se quedan sin comida.

Las alas, adaptadas para vuelos a gran distancia, son más largas que el cuerpo.

Unos tubos llamados tráqueas envían oxígeno a los órganos internos.

Intestino posterior

Los tubos de Malpighi eliminan los desechos de la sangre.

Los ganglios hinchados en cada segmento del nervio principal procesan señales nerviosas.

Los fuertes músculos de las patas traseras proporcionan la fuerza para saltar.

Máquina de comer
Una langosta es un tipo de saltamontes. Su cuerpo tiene la misma forma, con un par de largas y poderosas patas traseras para saltar. Como todos los saltamontes, come plantas y posee un gran sistema digestivo para procesar la dura comida vegetal.

DE UN VISTAZO

TAMAÑO Hasta 7,5 cm de largo

HÁBITAT Pastizales y desiertos

LOCALIZACIÓN África, Oriente Medio y sur de Asia

DIETA Hojas

DATOS Y CIFRAS

UNAS **12** ESPECIES QUE ENJAMBRAN

Forma parte de un pequeño grupo de saltamontes que a veces cambian su comportamiento y forman enjambres.

DISTANCIA

Los enjambres pueden volar hasta 130 km al día.

km   50   100   150

HUEVOS
Una hembra perfora el suelo con su abdomen y deposita una cápsula que contiene hasta 100 huevos.

CRÍAS
El recién nacido se desarrolla en cinco etapas, cada una más grande que la anterior.

LONGEVIDAD **3-5** MESES

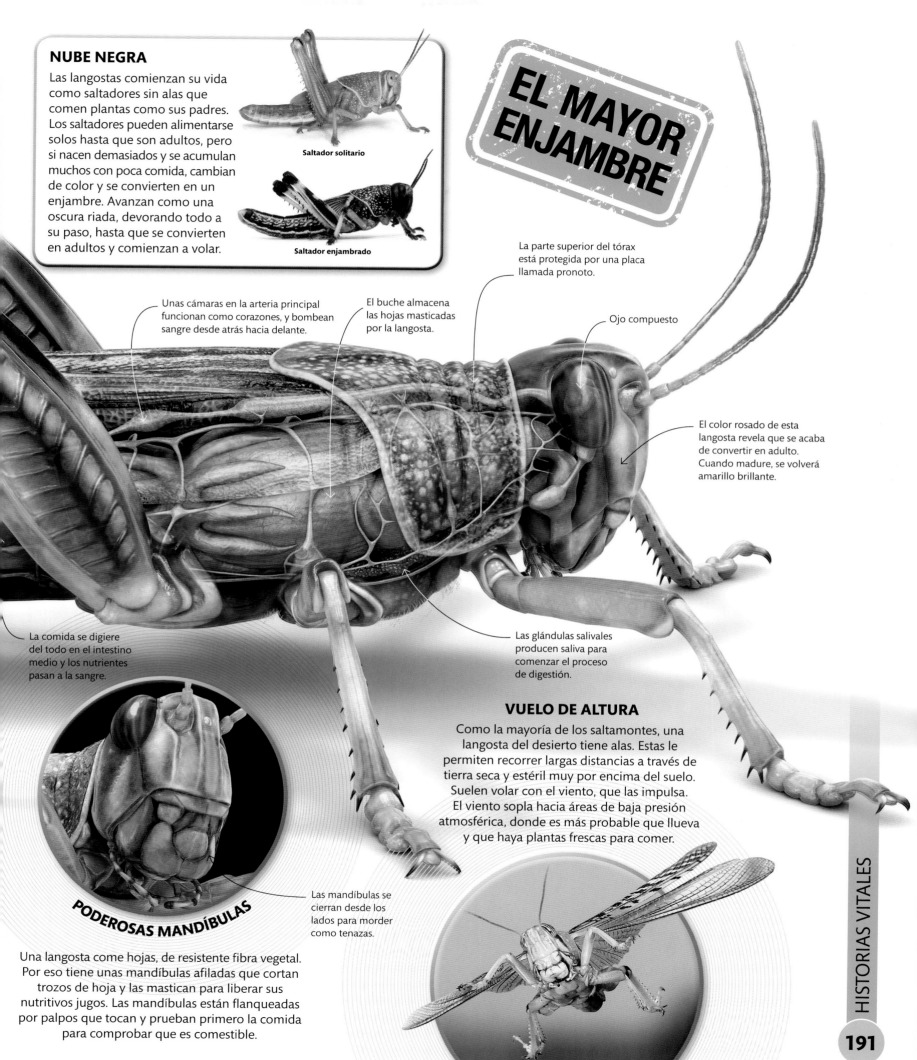

NUBE NEGRA

Las langostas comienzan su vida como saltadores sin alas que comen plantas como sus padres. Los saltadores pueden alimentarse solos hasta que son adultos, pero si nacen demasiados y se acumulan muchos con poca comida, cambian de color y se convierten en un enjambre. Avanzan como una oscura riada, devorando todo a su paso, hasta que se convierten en adultos y comienzan a volar.

Saltador solitario

Saltador enjambrado

EL MAYOR ENJAMBRE

La parte superior del tórax está protegida por una placa llamada pronoto.

Unas cámaras en la arteria principal funcionan como corazones, y bombean sangre desde atrás hacia delante.

El buche almacena las hojas masticadas por la langosta.

Ojo compuesto

El color rosado de esta langosta revela que se acaba de convertir en adulto. Cuando madure, se volverá amarillo brillante.

La comida se digiere del todo en el intestino medio y los nutrientes pasan a la sangre.

Las glándulas salivales producen saliva para comenzar el proceso de digestión.

VUELO DE ALTURA

Como la mayoría de los saltamontes, una langosta del desierto tiene alas. Estas le permiten recorrer largas distancias a través de tierra seca y estéril muy por encima del suelo. Suelen volar con el viento, que las impulsa. El viento sopla hacia áreas de baja presión atmosférica, donde es más probable que llueva y que haya plantas frescas para comer.

PODEROSAS MANDÍBULAS

Las mandíbulas se cierran desde los lados para morder como tenazas.

Una langosta come hojas, de resistente fibra vegetal. Por eso tiene unas mandíbulas afiladas que cortan trozos de hoja y las mastican para liberar sus nutritivos jugos. Las mandíbulas están flanqueadas por palpos que tocan y prueban primero la comida para comprobar que es comestible.

LA FUERZA DEL NÚMERO

Los enjambres de langostas son poco frecuentes pero, cuando ocurren, pueden ser desastrosos. Un solo enjambre puede contener miles de millones de hambrientas langostas, y cada una puede comer su peso en comida al día. Si el enjambre se posa en un árbol, se comen todas las hojas, y si el enjambre desciende sobre un cultivo, lo arrasan. En África y Asia, los enjambres destruyen cosechas enteras y causan grandes hambrunas.

«Un enjambre puede contener hasta **40 000 millones** de langostas.»

VIAJAN

Estas crías acaban de nacer y salen del sedoso saco de huevos para subirse a la espalda de su madre. Viajarán sobre ella una semana hasta que muden de piel una segunda vez, tras lo cual se ocuparán de sí mismas.

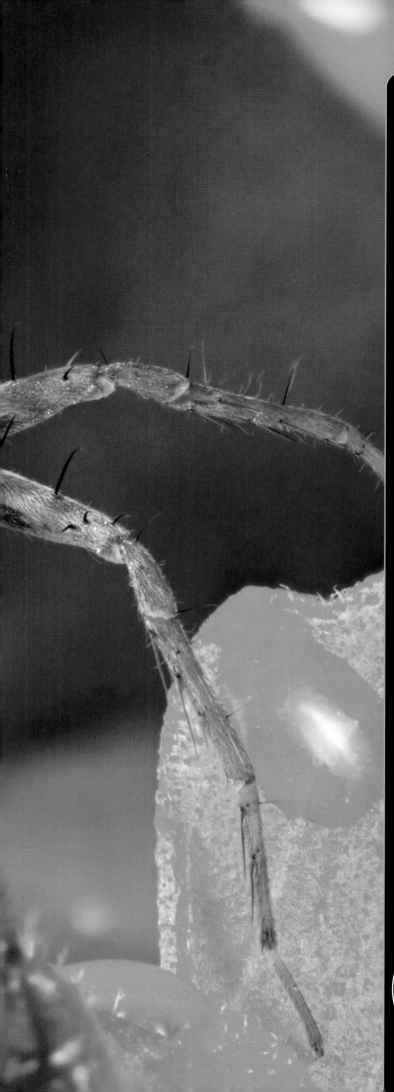

NIÑERA

ARAÑA LOBO DE PATAS DELGADAS

Las arañas lobo son depredadores ágiles y veloces que cazan en el suelo usando la vista. También se valen de sus agudos ojos durante el cortejo, pues el macho trata de atraer a la hembra haciendo señales con sus grandes y peludos palpos. Si lo consigue y se aparean, la hembra transporta los huevos en una gran bola de seda pegada a las hileras de su parte posterior. Cuando las crías finalmente nacen, también las transporta hasta que son capaces de cazar por ellas mismas.

DE UN VISTAZO

- **TAMAÑO** Unos 8 mm de largo
- **HÁBITAT** Pastizales, bosques y terrenos rocosos
- **LOCALIZACIÓN** Todo el mundo
- **DIETA** Insectos

DATOS Y CIFRAS

UNAS

500

ESPECIES

Las pequeñas y patifinas arañas lobo cazan en el suelo en hábitats apropiados de todo el mundo.

LONGEVIDAD

2–3 AÑOS

HUEVOS

Para acelerar el proceso, las hembras calientan al sol los huevos: nacen entre 50 y 100 crías.

ACTIVIDAD

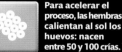

Son cazadoras nocturnas y solitarias. A veces esperan presas de paso.

ARAÑA HEMBRA

Si se separa a la hembra de su bolsa de huevos, los buscará furiosamente.

DEFENSA

Su mordedura es dolorosa pero se vale más de su colorido de camuflaje.

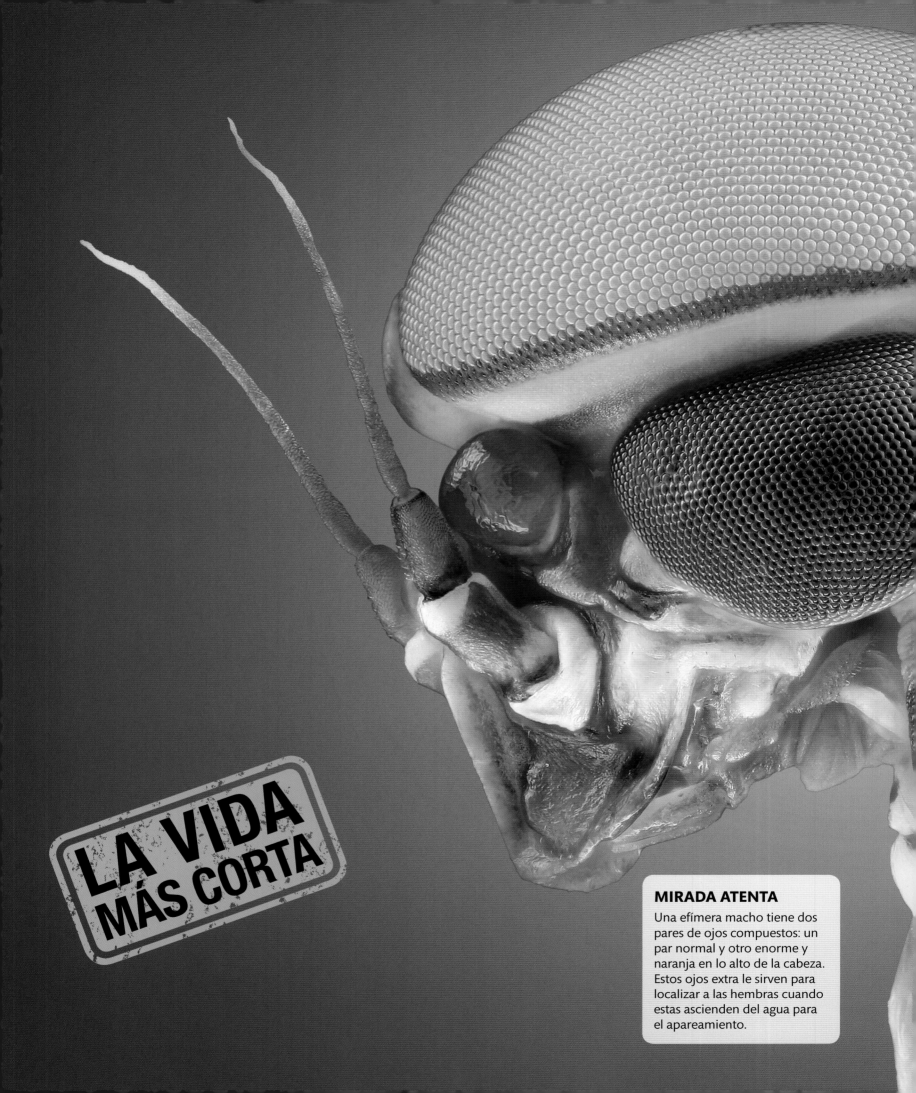

LA VIDA MÁS CORTA

MIRADA ATENTA

Una efímera macho tiene dos pares de ojos compuestos: un par normal y otro enorme y naranja en lo alto de la cabeza. Estos ojos extra le sirven para localizar a las hembras cuando estas ascienden del agua para el apareamiento.

VIVIR AL DÍA
EFÍMERA

El tiempo es oro para las efímeras adultas. Algunas viven solo unos minutos y pocas sobreviven más de un día. Pero la fase adulta es solo el breve capítulo final. Viven mucho más como ninfas acuáticas y sin alas, alimentándose y creciendo durante años bajo el agua. Al final de su vida, las ninfas se convierten en adultos alados que no pueden comer. No tienen otro propósito que encontrar pareja y poner huevos. Esto les lleva unas pocas horas, tras lo cual, habiendo cumplido su cometido, mueren.

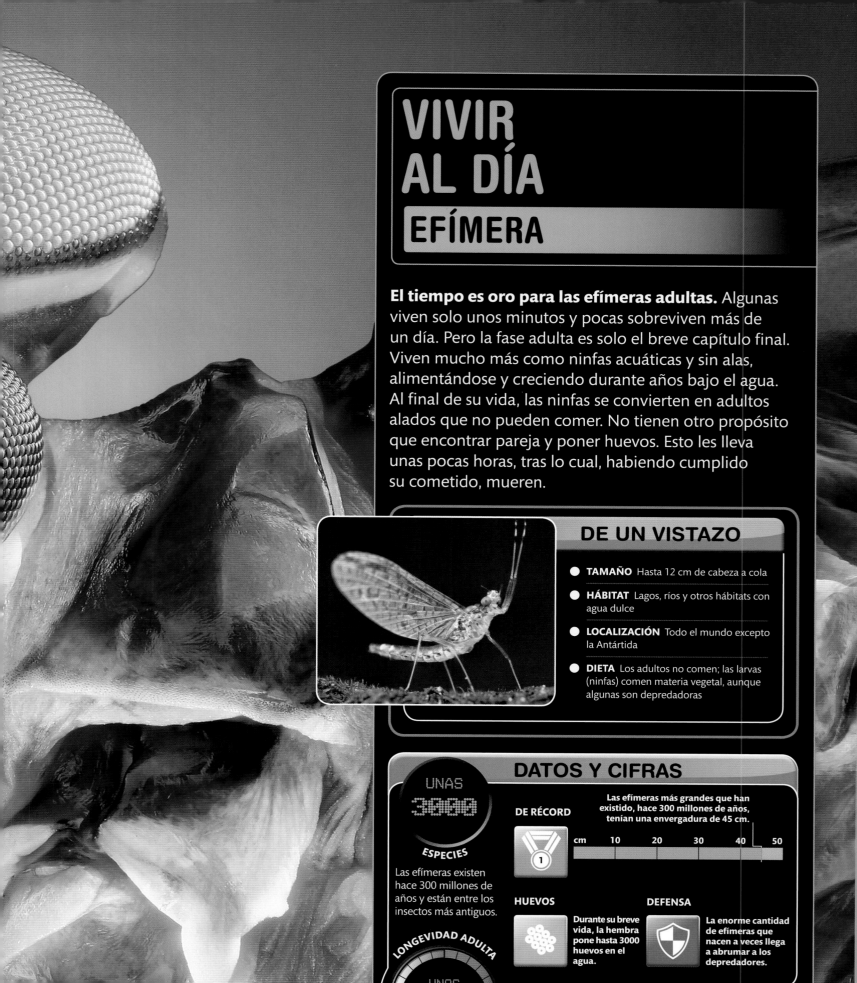

DE UN VISTAZO

- **TAMAÑO** Hasta 12 cm de cabeza a cola
- **HÁBITAT** Lagos, ríos y otros hábitats con agua dulce
- **LOCALIZACIÓN** Todo el mundo excepto la Antártida
- **DIETA** Los adultos no comen; las larvas (ninfas) comen materia vegetal, aunque algunas son depredadoras

DATOS Y CIFRAS

UNAS
3000
ESPECIES

Las efímeras existen hace 300 millones de años y están entre los insectos más antiguos.

LONGEVIDAD ADULTA

UNOS

DE RÉCORD

Las efímeras más grandes que han existido, hace 300 millones de años, tenían una envergadura de 45 cm.

| cm | 10 | 20 | 30 | 40 | 50 |

HUEVOS

Durante su breve vida, la hembra pone hasta 3000 huevos en el agua.

DEFENSA

La enorme cantidad de efímeras que nacen a veces llega a abrumar a los depredadores.

EL MOMENTO PERFECTO
CIGARRA PERIÓDICA

Muchos insectos pasan la mayor parte de su vida ocultos como larvas zapadoras. Pero algunas especies de cigarra periódica viven bajo tierra durante 17 años antes de emerger y vivir unas semanas como adultos alados. Increíblemente, todas las cigarras de una región aparecen a la vez, el mismo año, antes de desaparecer de nuevo durante 17 años.

Grandes músculos dentro del tórax impulsan las grandes alas de la cigarra.

Su cuerpo es inusualmente ancho y corpulento.

Tiene ojos compuestos llamativos, separados entre sí y muy sensibles.

DE UN VISTAZO

TAMAÑO Unos 3 cm de largo

HÁBITAT Bosques caducifolios

LOCALIZACIÓN Este de Estados Unidos

DIETA Savia de árboles

Usa sus fuertes patas para trepar.

La cigarra adulta usa un afilado tubo para chupar dulce savia vegetal.

DATOS Y CIFRAS

7

ESPECIES

Las cigarras periódicas viven solo en Estados Unidos, pero hay cigarras que emergen cada año en las regiones cálidas de todo el mundo.

TEMPERATURA

Las ninfas emergen de sus madrigueras si la temperatura del suelo es de unos 17 °C.

HUEVOS

Cada hembra pone unos 500 huevos en tandas de 20 antes de morir.

EMERGENCIA

Hasta 370 ninfas de cigarra salen de forma simultánea en 1 m².

SONIDO

El coro de cigarras cantando suena más fuerte que una motocicleta (100 dB).

DESARROLLO DE LA NINFA

HASTA **17** AÑOS

Insectos asombrosos

Miles de millones de cigarras salen en uno o dos días las tardes de primavera en Norteamérica. Se enjambran en los árboles, se aparean, ponen huevos y mueren. Esta emergencia en masa asegura que muchas de ellas sobrevivirán lo suficiente como para procrear, pues las aves y otros depredadores locales no pueden comérselas todas.

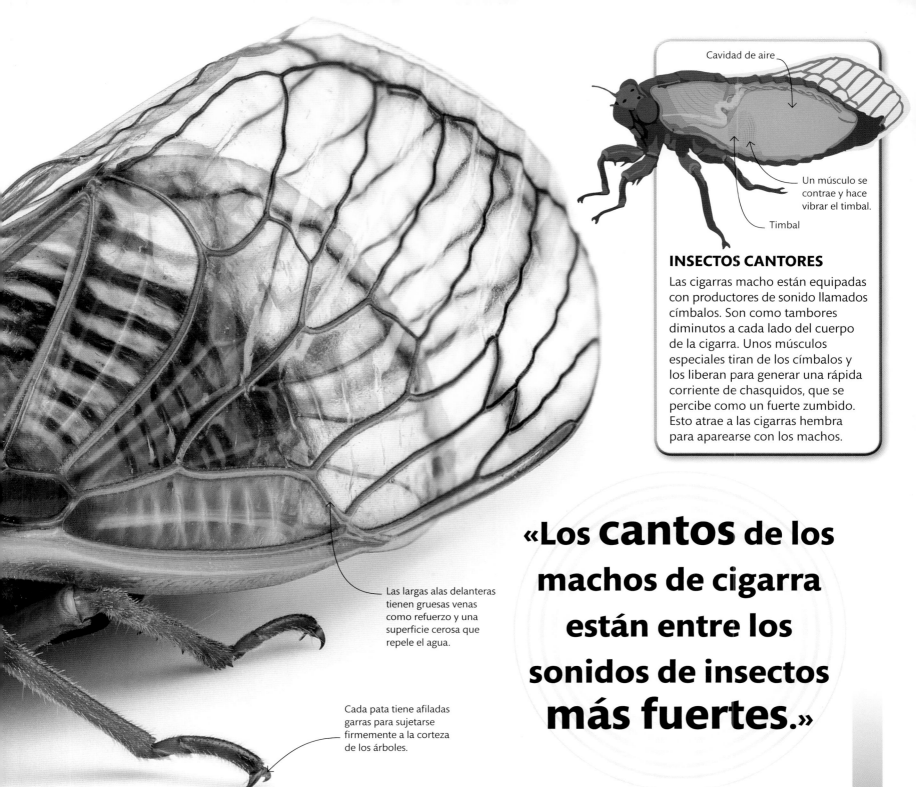

Cavidad de aire

Un músculo se contrae y hace vibrar el timbal.

Timbal

INSECTOS CANTORES

Las cigarras macho están equipadas con productores de sonido llamados címbalos. Son como tambores diminutos a cada lado del cuerpo de la cigarra. Unos músculos especiales tiran de los címbalos y los liberan para generar una rápida corriente de chasquidos, que se percibe como un fuerte zumbido. Esto atrae a las cigarras hembra para aparearse con los machos.

Las largas alas delanteras tienen gruesas venas como refuerzo y una superficie cerosa que repele el agua.

Cada pata tiene afiladas garras para sujetarse firmemente a la corteza de los árboles.

«Los cantos de los machos de cigarra están entre los sonidos de insectos más fuertes.»

COMO UN RELOJ

Aunque algunas cigarras periódicas se desarrollan bajo tierra durante 17 años, otras permanecen solo 13. Las ninfas crecen al mismo ritmo. Finalmente, emergen y se suben a los árboles. Los machos llenan el aire con su sonido para atraer a las hembras, las cuales ponen sus huevos en los árboles. Cuando los huevos eclosionan, las ninfas caen al suelo y se entierran durante 13 o 17 años.

NINFA ZAPADORA
La ninfa de la cigarra pasa su larga vida bajo tierra, alimentándose de la savia de las raíces de los árboles. Al llegar el momento de ver la luz, cava hacia arriba y sale a la superficie.

ROMPER PARA SALIR
La oscura ninfa se sube a un árbol para su transformación final. Sale de su vieja piel por última vez, emergiendo ya como un adulto con alas.

COMENZAR DE NUEVO
El nuevo adulto tiene un cuerpo blando y pálido. Pero la piel pronto se endurece y se vuelve negra. Las alas se expanden, permitiendo que la cigarra vuele para encontrar pareja.

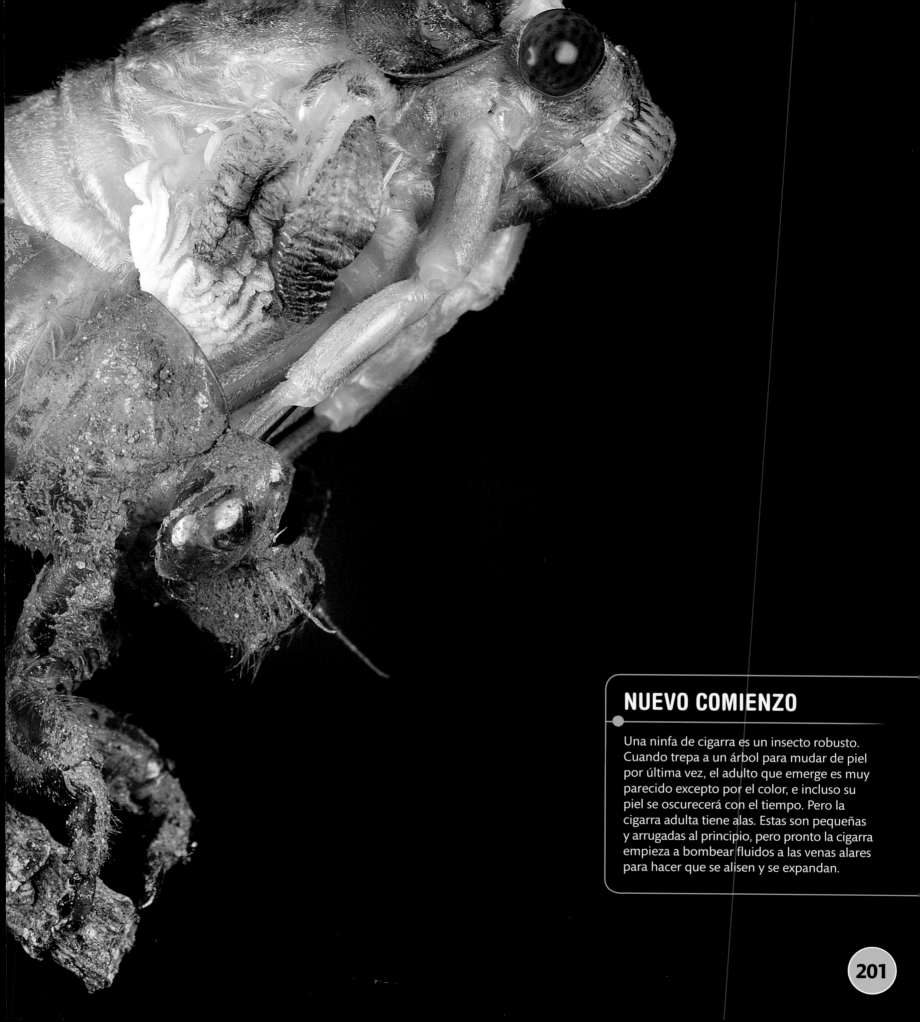

NUEVO COMIENZO

Una ninfa de cigarra es un insecto robusto. Cuando trepa a un árbol para mudar de piel por última vez, el adulto que emerge es muy parecido excepto por el color, e incluso su piel se oscurecerá con el tiempo. Pero la cigarra adulta tiene alas. Estas son pequeñas y arrugadas al principio, pero pronto la cigarra empieza a bombear fluidos a las venas alares para hacer que se alisen y se expandan.

PROTECCIÓN PATERNAL
CHINCHE DE AGUA GIGANTE

La mayoría de los insectos abandonan sus huevos en cuanto los ponen, pero algunas chinches de agua gigantes son diferentes, pues la hembra pega cuidadosamente los huevos a la espalda del macho. Este los transporta hasta que eclosionan para evitar que los depredadores se los coman. Cada joven chinche de agua se transformará en un feroz depredador que atacará insectos, ranas y peces. Con sus poderosas patas delanteras, la chinche empala a sus víctimas, les clava el aguijón y les inyecta saliva paralizante y disolvente para más tarde sorber y digerir su alimento.

DE UN VISTAZO

- **TAMAÑO** Hasta 10 cm de largo
- **HÁBITAT** Lagos, ríos y otras masas de agua dulce
- **LOCALIZACIÓN** Norteamérica, Sudamérica, África, Australia, India y el sudeste asiático
- **DIETA** Cualquier animal de agua dulce que pueda capturar

DATOS Y CIFRAS

UNAS

160

ESPECIES

Viven sobre todo en las zonas cálidas del planeta, pero algunas viven en Canadá.

HUEVOS

Una hembra pone 100 o más huevos de una vez.

DEFENSA

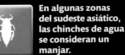

Si se siente amenazada, su estrategia consiste en morder o en hacerse la muerta.

CHINCHES DE LA LUZ

Se las conoce como chinches de la luz: las atrae la iluminación nocturna.

COMIDA

En algunas zonas del sudeste asiático, las chinches de agua se consideran un manjar.

LONGEVIDAD

HASTA